诗酒桃源

苏东坡与陶渊明的跨时空对话

陈燕萍 闫小芹 著

广陵书社

图书在版编目（ＣＩＰ）数据

诗酒桃源：苏东坡与陶渊明的跨时空对话 / 陈燕萍，闫小芹著. -- 扬州：广陵书社，2020.9
ISBN 978-7-5554-1533-6

Ⅰ.①诗… Ⅱ.①陈… ②闫… Ⅲ.①苏轼（1036-1101）－人物研究－文集 Ⅳ.①K825.6-53

中国版本图书馆CIP数据核字(2020)第171016号

书 名	诗酒桃源：苏东坡与陶渊明的跨时空对话	
著 者	陈燕萍　　闫小芹	
责任编辑	王浩宇	
出版发行	广陵书社	
	扬州市维扬路 349 号　　　　邮编 225009	
	（0514）85228081（总编办）　85228088（发行部）	
	http://www.yzglpub.com　E-mail:yzglss@163.com	
印 刷	无锡市海得印务有限公司	
装 订	无锡市西新印刷有限公司	
开 本	889 毫米 ×1194 毫米 1/32	
印 张	7.5	
字 数	132 千字	
版 次	2020 年 9 月第 1 版	
印 次	2020 年 9 月第 1 次印刷	
标准书号	ISBN 978-7-5554-1533-6	
定 价	45.00 元	

目　录

前　言

　　透过苏轼"上可以陪玉皇大帝，下可以陪卑田院乞儿"①的自述，我们可以感受到他强大的待人接物能力。具备这一能力的苏轼，也爱与人交游往来，这可从苏轼诗题中包含有将近一半带有交游性质的"送""和""次""赠""戏"等字眼中得到验证。如此热爱与人交流的苏轼，在被贬谪之际，尤其是猝然被贬的早期阶段，基于主客观方面的原因，几乎断绝了与亲故之人的往来。为此颇觉寂寥的苏轼，只能或与田间野老交处，或与方外之人往来，或跨越茫茫时空尚友古人。

　　在诸种方式中，最为贴契苏轼当时需求的方式，是尚友古人。而陶渊明，就是谪处困境的晚年苏轼，选择的最为重要的一位古人。事实上，早在苏轼年轻的时候，就已对渊明怀有兴趣，但是，彼时的兴趣，还只是一些应题应景的泛泛提及。及至被贬黄州，失去政治前景且体验过真切的物质

---

　　① 孔凡礼著：《苏轼年谱》卷二三，北京：中华书局，1998 年，第 624 页。

窘境与躬耕生活的苏轼，才把陶渊明从被他提及的一系列古人名录当中，单独标举出来，并成为苏轼在人格层面的效法对象。虽然如此，主要从伦理维度被加以接受的陶渊明，还没能深入苏轼内心，没能成为苏轼时时刻刻都可进行对话的朋友。到了惠州与儋州时期，因为年纪的老去、拥有的变少，倍感寥落与幽独的苏轼，忽然灵光一闪，下了尽和陶诗的决定。自此之后，陶渊明便成了深入苏轼精神的契友，能够与他情通千古、与析疑义、对话赋诗。

除了音通趣同之外，陶渊明还能以时时刻刻精神在场的方式，伴行在苏轼左右。就这点来看，陶渊明带给晚年苏轼的慰藉与温暖，是胜过许多与苏轼同时的友人的。当然，与苏轼处在同一片时空下的他的友人们，尤其是一些具有道德高风的方外之士，比如道潜、佛印等，也给困境中的苏轼带去了许多温暖。基于此，尽管本书探讨的是苏轼与陶渊明在为人、为诗与人生思考方面所进行的跨时空对话，但是，亦会将一篇以苏轼与道潜、佛印二人的交游情况为内容的文章，附在书后。以此，一方面来更为全面地呈现出谪居困境中的苏轼的交游图景；另一方面也能为苏轼最终自托于陶渊明的行为，提供一些相关且具体的背景说明。

那么，苏轼为何能与陶渊明达成跨越时空的精神对话，他这一尚友古人的方式对于今天的我们有什么意义？关于第一个问题，主要有如下两个理由。第一，苏轼与陶渊明存有许多共同点,比如都有归隐之意,都热爱诗歌,都"性刚才拙,与物多忤"(陶渊明《与子俨等疏》)等。这些共同点,使苏轼对陶渊明充满兴趣,因此,在时机到来、境遇契合的时候,苏轼就能迅速走向陶渊明,与他神交同行。第二,苏轼有着极为广阔而灵活的时空观,所以他能够突破其身所处的世界的局限,而将目光投向久远的过去,而引已然作古的陶渊明为精神上的契友,并在与之对话的过程中,超越当下的失意与苦难。而对苦难与失意的超越,正是尚友古人所能给予我们的最大益处。也许我们不能像苏轼一样,遇见那么令人期待的古人,并抵达那般深刻的默契。但是,只要有心,我们总能找到契合我们心灵与需求的前贤,并在"颂其诗,读其书"(《孟子·万章下》)的过程中"知其人",在"知其人"的过程中照见自己、塑造自己,并最终令我们所心期的前贤,成为我们面对这个世界的种种不确定与不称意的底气。

导 论

　　乌台诗案作为苏东坡人生当中最重要的一个转折点，削弱了他"奋厉有当世志"的抱负，转而促使他深研佛老，并由此开始关注除政治功业之外的事关生命内在诉求的实现途径。为了解决谪黄期间的生计艰难问题，苏东坡亲自躬耕，这样的生命体验，为苏东坡的生命意义打开了一扇新的门户，更确切地说是，让他重新发现了一个人——陶渊明。在此之前，陶渊明于苏东坡而言，仅仅只是聊供驱遣的文学典故，或是他在行文为诗时的风格借鉴，熟悉固然熟悉，究其实质则无非是一介时来交集、时过相离的若即若离的古人而已，缺乏心心相印的亲切与默契。黄州之后，苏东坡在进一步深化对陶渊明诗歌的理解的同时，更加深了对陶渊明为人的兴趣，用他自己的话说就是："然吾于渊明，岂独好其诗也哉？如其为人，实有感焉。"（《子瞻和陶渊明诗集引》）以熟读陶诗、品评陶作、援引陶典、发挥陶意、追和陶诗为方式。经由这样的过程，陶渊明一步一步化入苏东坡的血肉神髓，默契神会间，异代相隔的两人俨然前世今生。而陶渊明之于苏东坡的最大意义,在于陶渊明的存在为苏东坡提供了完成生命之可能性的某种借鉴与范例。借由陶渊明这一方透镜,苏东坡一方面巩固并强化着他本身就具有的一些特质,另一方面又以陶渊明为触媒来丰富并延展自身精神气韵的边界。

而苏东坡对陶渊明的看重,也即苏东坡之所以会在生命的关键时期将陶渊明视为重要的生命给养而纳入自身的体系,有着源远流长的陶渊明接受之历史以及非常深刻的自身原因。

一、苏东坡以前的陶渊明接受史

(一)东晋南北朝

陶渊明所身处的东晋以及嗣后的南北朝时期,非常重视藻词丽句,故而用语简切的陶诗并未得到当时社会的推崇。同时,那又是一个政治混乱的年代,在那样的时代背景之下,隐逸之风盛行,陶渊明即是隐逸大军中的一员,不过,他的隐逸并不是为了谋求文化资本,而是出于对时局黑暗的厌恶所做的决定,他的隐居充满了劳动的艰辛以及生计的艰难,但他从未改易心志,而是固穷守节、安贫乐道地穷其余年。他作为隐者的志节得到了时人的肯定,《宋书》的记载是"潜少有高趣"①，锺嵘则说他是"古今隐逸诗人之宗"②。

虽然如此，陶渊明作为诗人的成就并未被全然忽略。锺嵘在《诗品》③中指出了陶渊明诗歌的一些特质："文体省净，殆无长语。笃意真古，词兴婉惬。"尽管只把陶渊明列为中品。与陶渊明相善的颜延之，在陶渊明去世后为他所做的哀诔中论及他的文章时所下的断语是"文取指达"。鲍照、江淹亦曾被渊明的诗歌所吸引，分别写过诗题为《学陶彭泽体》（鲍照）与《杂体诗三十首其二十二·陶征君潜田居》（江淹）等模拟作品。以萧统为首的萧姓兄弟在当时算是最为推赏渊明的人了，他们不仅编订《陶渊明集》，还再度为陶渊明做传，在肯定陶渊明"少有高趣"的隐逸风范之外，更强调他"博学善属文，颖脱不群"④的文章成就。自此而后，陶渊明作为诗人的一面渐渐得到了重视。

（二）隋唐五代

承袭南北朝的暗流，隋唐时期继续传扬陶渊明的为人

---

① 〔梁〕沈约撰，陈苏镇等标点：《宋书》卷九三，长春：吉林人民出版社，1998年，第1321页。

② 〔清〕何文焕辑：《历代诗话》，北京：中华书局，1981年，第13页。

③ 〔清〕何文焕辑：《历代诗话》，北京：中华书局，1981年，第13页。

④ 〔唐〕房文龄著，黄公渚选注：《晋书·陶潜传》，北京：商务印书馆，1934年，第212页。

风度与诗歌成就,然而,限于特定时地的特定风气,对陶渊明的接受又各有侧重点。在隋代与初唐阶段,陶渊明主要是以好酒任真的脱俗雅士之形象进入人们的视野的,就中数王绩道渊明的笔墨为多,不过他只是喜陶渊明之好酒与己同调,并非推赏陶渊明的诗歌。初唐人在他们所撰的《隋书·文学传序》《隋书·经籍志》等文章中对南北朝的作家进行论资排辈时,并未言及陶渊明,这又是陶渊明的诗文并未引起初唐人重视的一个例子。

　　盛唐是一个以建功立业、积极进取为风尚的时段,因此,部分怀有致君尧舜、再淳风俗之抱负的诗人,对陶渊明笃于隐居的人生选择是有所不满的。不过,总体说来,盛唐人还是十分推崇陶渊明的隐逸志节与饮酒真趣的,并将他们的所推所重化入诗文,用钱锺书先生的话说就是:"每赋重九、归来、隐居诸题,偶用陶公故事。"[①] 此外,王维、孟浩然、储光羲等人的山水田园之作,多袭陶风,多取陶趣,虽在创作风格与创作视角上有绮丽朴素、浅学深摹的区别,陶渊明所代表的与世俗官场相对立的山水田园精神与归隐的价值追求,则得到了较大程度地肯定与认同。

　　这样的肯定与认同,在韦应物与白居易等人的创作影响下,得到了进一步的巩固与扩大。韦应物"于唐贤中,最

---

① 钱锺书著:《谈艺录》,北京:生活·读书·新知三联书店,2007年,第218页。

有晋宋间格"（钱锺书语），他的效陶二首（《与友生野饮效陶体》《效陶彭泽》）以及《种瓜》一诗，酷肖陶作之真率自然、恬淡冲和的气质。他还把这种冲淡真率的精神注入官居生涯，注入他与同僚的往来酬酢以及闲暇出游的过程里，表现出"吏隐"的生活情趣。白居易自称为"异世陶元亮"，他"明诏大号"，屡屡心摹手追陶渊明的为诗与为人，尤其着力于扩展陶渊明的闲适情趣，并将闲适之趣提升为一种超越与化解悲情的人生境界，对后世尤其是宋人产生了深远的影响。同期的诗僧皎然，在其与潘述等人合作的《讲古文联句》中，则以"陶令田园，匠意真直。春柳寒松，不凋不饰"① 的评论点出了陶诗的艺术价值。

晚唐五代，社会更其混乱，隐逸之风复盛。这一时期以效仿陶渊明的隐逸高趣为主调，而经初、盛、中唐时期的发展，陶渊明的诗名已经卓然确立，因此，晚唐五代诗人在追攀靖节之高风的同时，亦对陶诗之艺术价值表示了很深的认同，以郑谷为例，他在《读前集二首》的第二首中曾有过这样的心迹剖白："爱日满阶看古集，只应陶集是吾师。"司空图在《与李生论诗书》一文中所强调的"韵外之致""味外之旨"的冲淡之美，亦是晚唐诗人效仿陶诗淡泊情思的行为在文艺理论上的投射。

---

① 〔唐〕皎然著，李壮鹰校注：《诗式校注》，北京：人民文学出版社，2003年，第389页。

从如上的论述中可以发现，有唐一代诗人在对陶渊明的接受上表现出从重陶渊明之高趣到并举陶渊明的为人风尚与为诗成就的转变的特点，这与东晋南北朝时期的重为人而轻文名的取舍考量是有所区别的。然而，陶渊明在隋唐时期的被接受，并未达到典范化与理想化的程度，这一局面的到来，有待宋人的推动。

（三）北宋

陶渊明的志节与文名，在宋代均臻于极盛。然而，在宋初六十年中，陶渊明的文名并未如他的志节一般得到当时诗人的持续不断地肯定，虽然他们也并未否定陶渊明的文学成就，他们却另有学习的对象。宋初诗坛，先后经历了白体、晚唐体与西昆体的风格递变，这些诗歌流派或注重炼字炼句，或追求繁缛精当，其创作旨趣与陶诗的真率自然之风有着很大的区别。当然，以隐士僧侣为主要成员构成的晚唐诗派，在追崇陶渊明的隐逸高趣之外，亦有意无意地受到他那平淡自然的审美追求的影响，偶尔写出一些并不符合主流思潮的真率可爱的诗作来。

梅尧臣的出现，打破了北宋诗坛陶渊明接受的微澜偶泛局面，开启了陶诗接受的新局面。被号为宋诗之"开山祖师"（《后村诗话·前集》卷二）的梅尧臣，在人到中年之时经历了丧妻丧子又丧友的巨大人生悲剧，为克服悲痛，他决定以冷静理性为应对策略。这一经历直接影响了梅尧臣的创作,不但增加了其诗的理性气息,亦引他将目光投向寓于陶渊明诗作中的平淡之风,并在与欧阳修的互动中于理论层面对"平淡"风格进行总结与拔高,目"平淡"为诗歌创作的最高、最难之极境。为了践行自己的审美理想,梅尧臣一方面大力学习陶诗的风格,一方面吸取韩孟诗派的奇险特点,熔铸出了"气完力余,益老以健"①(欧阳修《梅圣俞墓志铭》)的平淡而老健的独特风格。

梅尧臣之外,欧阳修亦曾对陶渊明的《归去来兮辞》一文大加赞赏:"晋无文章,惟陶渊明《归去来兮辞》一篇而已。"(《欧阳修全集》卷三三)王安石也甚为激赏陶渊明的诗文成就,据《苕溪渔隐丛话》卷三引《遁斋闲览》②所载,他曾以"其诗有奇绝而不可及之语,如:'结庐在人境,而无车马喧。问君何能尔,心远地自偏。'由诗人以来,无此句也。然渊明趣向不群,词彩超拔,晋宋之间,一人而已"的赞语高度评价陶渊明的《饮酒二十首》中的第五首。晚年退居金陵之后,更是发挥陶诗的平淡精神,写出不少从容有味的佳作。理学家邵雍亦以语浅意深的诗作,向陶渊明致敬。

---

① 〔宋〕欧阳修著,李逸安点校:《欧阳修全集》卷三三,北京:中华书局,2001年,第497页。

② 〔宋〕胡仔纂集:《苕溪渔隐丛话》,台北:世界书局,1976年,第17页。

由上可知，从北宋初期到北宋中叶的陶渊明接受，经历了一个从不太重视陶诗成就，到大力深化陶诗平淡风格的内涵且继续推重陶渊明淡泊自守之人格，尤其是将陶诗的平淡内涵与其人格特征相为联系的转变，并在此后的时期内继续保持对陶渊明诗品与人品的并重态度。这一局面的形成，为陶渊明诗品与人品的典范化、理想化之地位的最终确立，起到了相当重要的作用，为苏东坡全面而深入地接受陶渊明，并以陶渊明为透镜进行自我探索与升华的行为，奠下了深厚的时代基础。

二、苏东坡独好陶渊明的原因

苏东坡对陶渊明的推崇表现在两个方面，一是"独好渊明之诗"（《子瞻和陶渊明诗集引》），二是"如其为人，实有感焉"。作为一个敏锐善思的大诗人，苏东坡自然能够激赏陶渊明的诗文之美，然而，苏东坡又是一个包容甚广的人，故而虽然最终将心中的最高冠冕赋予诗人陶渊明，他也曾向"曹、刘、鲍、谢、李、杜诸人"取法过，甚至在学诗之际，他首先取法的对象是杜甫。而纵观苏集，陶渊明虽然经常出现在苏东坡的诗文中，屈原、贾谊、阮籍、谢安、白居易等人亦是苏东坡作品中的座上常客。分而说之，陶渊明似乎难以独占苏东坡之心。合而观之，非但陶渊明的诗作契合苏东坡的审美理想，陶渊明更有着让苏东坡称许不已的为人节度，由之,陶渊明成了苏东坡虽是旷代却最知心的友朋,成了苏东坡自我澡雪与升华的最好镜鉴。而在讨论苏东坡是如何以陶渊明为镜鉴展开自我的探索又得到了怎样的升华之前,有必要梳理下引领苏东坡归向陶渊明的各种机缘。

(一)家山之恋

自苏东坡踏入仕途后,其诗词中便反复回响着诸如"家在西南、长作东南别"[①]"问我何年、真个成归计"[②]的对家山的依恋、对归隐的渴求的情感倾向,而这样的依恋与渴求,虽然在迁谪流放的失意之期与位极人臣的风光之时有着程度的深浅区别,却始终涌动在苏东坡的血脉当中。因此,一旦遇到与自己有着相同家山恋慕倾向的陶渊明,苏东坡的私心里便不能不油然而生一种亲切之感,虽然两人在出处与归隐的行迹上存有很大差异,且在所恋家山之内涵上以及渴慕归隐的因由方面也有所区别。苏东坡所羡慕的家山"不仅仅是父母坟冢所在",与其说他"恋慕乡土,还不如说是恋慕着一种文化",一种蜀地所独有的文化[③]。陶渊明

[①] 〔宋〕苏轼著,刘石导读:《苏轼词集》之《醉落魄·离京口作》,上海:上海古籍出版社,2009 年,第 8 页。

[②] 〔宋〕苏轼著,刘石导读:《苏轼词集》之《蝶恋花·京口得乡书》,上海:上海古籍出版社,2009 年,第 8 页。

[③] 王水照、朱刚著:《苏轼评传》,南京:南京大学出版社,2011 年,第 567 页。

所恋慕的家山，则相对单纯些，大抵便是自小生养他以及父母所在的地域空间。而苏东坡之所以切慕归隐，一方面出于对家山的真切思念，一方面则是因为官场的险恶、迁谪的艰辛。在厌恶官场方面，陶渊明与苏东坡是相通的。然而，陶渊明之所以归隐，更是他的无俗韵、爱自然的天性所致。然而不管差别几何，在恋慕的真切以及归隐的真诚方面，二人是相通的，并且二人都将对家山的热爱延续终生。而这一共同的家山恋慕倾向，为苏东坡独好陶渊明，奠定了相当醇厚的情感基础。

（二）躬耕经历

谪居黄州的苏东坡，由于政治上的困境致使他的物质生活也随之陷入低谷。在"日以困匮"的"乏食"境况中，苏东坡的故人马正卿为他申请了数十亩"久荒为茨棘瓦砾"（《东坡八首并叙》）[①] 的故营地。素少躬耕的苏东坡，在垦辟荒地之时，不免精疲力竭，加之岁逢大旱，其中艰辛，唯有拥有同样躬耕经历的人方能了知。"释耒而叹"之余，苏东坡作诗为记，为"自愍其情"以备来岁不忘其劳故。作诗的行为，是苏东坡作为一个诗人的自觉。作诗之时，要与既

---

① 〔宋〕苏轼著，〔清〕王文诰辑注，孔凡礼点校：《苏轼诗集》，北京：中华书局，1982 年，第 1079 页。下文中所有苏诗引文，均出自该版本，为方便故，只标篇名、页码。

有的文学传统发生联系。面对着"废垒无人顾，颓垣满城蒿"的场景，常在诗文中援引陶渊明故事的苏东坡，大抵会很自然地在脑海中投映出渊明"种豆南山下，草盛豆苗稀"的画面，并进一步体味到此中劳作的艰辛吧？而"月明看露上，一一珠垂缕"的景象，与"带月荷锄归"的行为有着很深的渊源关系。至于在经历着"农夫告我言，勿使苗叶昌。君欲富饼饵，要须纵牛羊"的浓情体贴的提点时，苏东坡自然也不会忘记六百多年前的陶渊明所收到的当地老农的惠爱相嘱。凡斯种种跨越时空的躬耕经历上的重合，一方面加深了苏东坡对陶渊明的感情，另一方面也加深了苏东坡对陶渊明的诗文与为人的理解。由此，陶渊明在苏东坡的心目中，自有了一份别于其他古人的亲切感与重要性。

（三）朋辈凋零

在"柏台霜气夜凄凄，风动琅珰月向低"的环境中经历过"魂惊汤火命如鸡"[1]的狱中生活后，苏东坡的心灵受到了极大的颤动，自此开始到贬谪黄州的很长一段时间内，他都处在一种"惊起却回头，有恨无人省"[2]的畏祸幽独的心

---

[1]〔宋〕苏轼著：《予以事系御史台狱狱吏稍见侵自度不能堪死狱中不得一别子由故和二诗授狱卒梁成以遗子由》，第 999 页。

[2]〔宋〕苏轼著，刘石导读：《苏轼词集》之《卜算子·黄州定慧院寓居作》，上海：上海古籍出版社，2009 年，第 103 页。

态中。自认"罪大责轻"的苏东坡,在初到黄州之时,便以"杜门念咎"的方式表达自己的反省之意,平生亲故为避祸起见,亦与他断了往还。据此,敏于感受且乐于与人往还的苏东坡,不能不倍感人情的炎凉,《梅花二首其二》一诗中所写的"何人把酒慰深幽,开自无聊落更愁。幸有清溪三百曲,不辞相送到黄州"的物深情人炎凉的情状,便是苏东坡置身于彼时彼境的感受的呈现。

黄州之时是"凄然""客少",惠州阶段在"时宰欲杀之"的压力下亦绝少交游,处居"登高望中原,但见积水空"①的儋州更是朋辈凋零。为此,苏东坡特别珍视每一个能够真心待他的故人。以诗僧道潜为例,自他千里走彭门探访苏东坡并在危难时期慰藉苏东坡之后,他便成为苏东坡一生的挚友,用苏东坡的话说就是:"算诗人相得,如我与君稀。"②然而与苏东坡相得相知的诸多朋友,限于时地,绝少有机会晤言在苏东坡左右。因此,他只能将一腔幽独聊付古人,付与他的"南迁二友",即陶渊明与柳宗元,又出于精神气质的相近缘故,苏东坡将最后且最深的默契投寄在了陶渊明身上。

---

① 〔宋〕苏轼著:《行琼儋间肩舆坐睡梦中得句云千山动鳞甲万谷酣笙钟觉而遇清风急雨戏作此数句》,第 2247 页。

② 〔宋〕苏轼著,刘石导读:《苏轼词集》之《八声甘州》,上海:上海古籍出版社,2009 年,第 148 页。

（四）守节坚韧

经历过贬谪黄州、惠州、儋州这样一次比一次更为严重的政治打击之后，按理说，存于苏东坡心中的用世为民的志节与追求该当逐渐泯灭殆尽才是。然而，苏东坡从未因为身份的变易与处境的艰难而放弃为民行义的作为，反而在条件允许的情况下，勇于为义。南宋人费衮在其《梁溪漫志》卷四"东坡谪居中勇于为义"一条中综述了苏东坡在惠州的为民义举："程正辅为广中提刑，东坡与之中外，凡惠州官事悉以告之。诸军阙营房，散居市井，窘急作过，坡欲令作营房三百间；又荐都监王约、指使蓝生同干惠州，纳秋米六万三千余石，漕符乃令五万以上折纳现钱，坡以为岭南钱荒，乞令人户纳钱与米并从其便；博罗大火，坡以为林令在式假，不当坐罪，又有心力可委，欲专牒令修复公宇仓库，仍约束本州科配……凡此等事，多涉官政，亦易指以为恩怨，而坡奋然行之不疑，其勇于为义如此。[①]惠州如此，儋州亦然。谪儋期间，苏东坡自比为箕子，以促进当地的文化发展为己任，或劝黎人勤务农耕，或劝乡人重视耕牛，或以自身的力行为榜样来教化海南的学生、秀才，凡斯种种，无一不是尽心竭力。

苏东坡这样一种无论所遇是难还是易均"志于行"的

---

① 〔宋〕费衮撰：《梁溪漫志》，上海：上海古籍出版社，1985 年，第 37—38 页。

为民行义的坚韧志节，与陶渊明坚守其隐居之志是有相通之处的。隐居固然是避世、洁志、全己的良方，然而田家劳作的辛苦以及劳作之后的收获有限导致的"夏日长抱饥，寒夜无被眠"（《怨诗楚调示庞主簿邓治中》）的累子累妻的局面，无一不折磨着为人父者、夫者的陶渊明的良心，在《与子俨等疏》一文中，诗人披露了因为自己的"黾勉辞世"导致的"使汝幼而饥寒"的局面以及"汝辈稚小家贫，每役柴水之劳"的愧惭心情。尽管如此，他依然往从古之高洁贤士，以躬耕为径而不负己愿。这样的一份坚守，固然有亏父责，然坚守志节，又何尝不是尽父之责的另外一种方式？

苏东坡尝言："如其（渊明）为人，实有感焉。"东坡之感，一方面是深深会心于渊明作为人父的惭愧之情，因为苏东坡亦有连累儿孙而生的亏欠心情，虽然陶渊明是因为坚守隐居之志而导致家贫儿饥，苏东坡是因为用世为民的忠直之举而屡遭贬谪连累家小，在连累家小这点上却是一致的，对家人的亏欠之情也是相通的。基于此，从未消泯救世济民之志的苏东坡更能明白陶渊明坚守隐居躬耕之作为的艰难与可贵，由此待陶渊明更有了一份与其他古人不同的重视。

共同的家山之恋，是陶渊明屡屡出现在苏东坡诗文中的情感动因。艰辛的躬耕经历与真切的饥寒体验，使苏东坡在因物质生活所生的感受层面实现了与陶渊明的共鸣。

而政治打击所致的贬谪生涯，令苏东坡饱尝人世之炎凉况味，由此，他一方面感念着门生故旧、方外之友以及普通百姓对他的深情厚谊，另一方面亦促使他将目光投向古代，聚焦在陶渊明身上。至于二人所共有的或隐居或为民的对志节的坚守之举，则让苏东坡最终发出了"欲以晚节师范其（渊明）万一"的感叹。而苏东坡对陶渊明的"师范"，并不即是成为陶渊明，而是以陶渊明为镜鉴展开事关自我的探索，是对陶渊明为人、为诗、为学等层面的发展与深入，更是对自己在如上所列方面的或巩固、或丰富。对这一过程进行探讨，能够让我们进一步深化对苏东坡的认识，也能更好地认识陶渊明。

三、研究现状综述

自称"上可以陪玉皇大帝，下可以陪卑田院乞儿"的苏东坡，得到了各式人等的喜爱，所谓"大苏死去忙不彻，三教九流争扯拽"（《坚瓠九集》卷一引董遏周语）。对苏东坡的研究古已有之，今更炙热。早在南宋以后已成风气，翁方纲在《石洲诗话》称"当日程学行于南，苏学行于北"，朱熹在《答汪尚书》曰"苏学邪正之辩""语及苏学"，陆游在《老学庵笔记》中说"苏文生，吃菜羹；苏文熟，吃羊肉"等，由之可见南宋后"苏学"之俨然风气，清代更是"家诵户习皆东坡"。

　　然而 20 世纪初叶至 80 年代，苏东坡研究则处于衰惫状态，据笔者掌握的资料来看没有出现专著，只有一些论文。在初叶主要从诗词文渊源和艺术风格等角度进行研究，中则主要从政治和人民角度入手，篇幅比较短小，内容狭窄，且多有偏见。进入 80 年后研究视角日益多元化，取得了很大的成绩，在宋代作家研究中可谓独占鳌头。单从专著论，从 80 年代至今，就有 20 多部，包括徐中玉《论苏轼的创作经验》（华东师范大学出版社，1981 年版）、曾枣庄《苏轼评传》（四川人民出版社，1981 年版）《三苏文艺思想》（四川文艺出版社，1985 年版）、黄鸣奋《论苏轼的文艺心理观》（海峡文艺出版社，1987 年版）、刘尚荣《苏轼著作版本论丛》（巴蜀书社，1988 年版）、唐玲玲与周伟民的《苏轼思想研究》（台湾：文史哲出版社，1996 年版）、孔凡礼《苏轼年谱》（中华书局，1998 年版）、王水照《苏轼研究》（河北教育出版社，1999 年版）、张惠民与张进的《士气文心：苏轼文化人格与文艺思想》（人民文学出版社，2004 年版）、王水照和朱刚的《苏轼评传》（南京大学出版社，2011 年版）等，研究论文更是不计其数。这些专著及论文，或者关注苏东坡的艺术创作，或者聚焦他的生平履历，或者注目他的人生思考以及文化品格种种。此外，在苏诗、苏文、苏词等方面的辑佚、整理、出版方面也颇为系统，至于普及性选本的出版更是不胜枚举。"要之，在基础性资料建设、理论性阐释探讨、鉴赏评析性推介等不同层面上，均有显著业绩可述。"
（王水照语）

　　如上是对苏东坡研究状况的一些简介。以下部分则就
本选题的相关研究状况进行综述，该部分以张建伟的《近三
十年苏轼和陶诗研究综述》（《乐山师范学院学报》，2008
年第 7 期）以及陈可人的《苏轼"和陶诗"研究综述》（《文
学教育》，2012 年第 12 期）两篇文章为参照。张文从思想
内容、艺术分析等传统方法，文化研究、心态研究、生命意
识等新的角度对以往的和陶诗研究进行总结，提出和陶诗
存在着重复研究过多的问题，需要进一步开阔视野。陈文
在张文总结的基础上，对近三十年来有关苏轼"和陶诗"的
论著做了更为全面而缜密的梳理。具体是将"和陶诗"研
究归纳为九类，包括苏轼"和陶诗"全面分析研究、创作原
因研究、思想内容研究、陶诗比较研究、对后世影响研究、
部分研究、新方法新理论研究以及与他人"和陶诗"比较研
究。指出的缺憾是缺少对苏轼与苏辙、晁补之、张耒同题和
陶诗的比较研究。陈文的梳理总结与点评，相当全面而中
肯。然而由于精力和时间的限制，无法兼顾后出的一些专
著，比如并未提及杨松冀出版于 2012 年的专著《精神家园
的诗学探寻——苏轼"和陶诗"与陶渊明诗歌之比较》以
及金甫暻在 2013 年出版的专著《苏轼"和陶诗"考论——
兼及韩国"和陶诗"》等。

为方便写作需要，在张、陈的基础上，本书将与苏东坡和陶渊明二人相关的无论为人还是诗文研究分为三类：一是将苏东坡看作陶渊明的第一读者所起的发明作用而进行的探究，该项可视为陶渊明接受史研究的有机组成部分；二是将苏东坡的和陶诗作为关注主体，就其思想内容、艺术特色、艺术成就与美学思想等方面展开研究，该部分在张、陈二人的梳理总结中已经十分清楚，不需另多赘言；三是将苏东坡的"和陶诗"看成苏东坡以陶为鉴照而进行自我探索的媒介。在第一类中，以李剑锋出版于 2002 年的专著《元前陶渊明接受史》最为全备，就深度来看首推袁行霈先生的《论和陶诗及其文化意蕴》，此外还有一些就接受史的细处切入的论文，比如周晓琳发表于 2013 年的《"悠然望南山"与"悠然见南山"——陶渊明诗歌经典化中的"苏轼效应"》等。在第三类中，以张兆勇出版于 2010 年的专著《苏轼和陶诗与北宋文人词》、杨玲的硕士论文《苏轼〈和陶诗〉研究》、杨元元的硕士论文《苏轼"和陶诗"之道与隐》、张强《从"和陶诗"看苏轼的心态变化与审美追求》、韩国强的《从和陶诗看苏轼晚年心态》、梅大圣《论陶渊明"固穷节"对苏轼晚年"处穷"生活的影响》等文为代表。其中，张兆勇以追问苏东坡"和陶诗"中所包蕴的蜀学特征为视角切入，全面阐释苏东坡的和陶诗作，有着十分丰富的参考与启发意义。杨玲则引入西方文学理论，即现代解释学的主体间性来探讨苏东坡的和陶诗，方法十分新颖，文中所提的"陶渊明不再是一堆没有生命的纸质的文字材料，而是苏轼灵魂交流的朋友，精神慰藉的良师"观点十分灵动。杨元元根据文本对苏东坡的和陶诗做出深刻的智性的阐释，观点深刻有力。张强与韩国强的文章也对和陶诗中寄托的东坡自我探索的轨迹保持了相当的敏感。然而，他们的研究或是将苏东坡视为陶渊明接受史中一个较为出众的接受者，以此来证明陶渊明在后世的流传与影响之深远与巨大，而并未充分挖掘出苏轼作为一个阅读主体的选择自由与精神困扰，由此无法在更深的层面上揭示出苏轼的人生困境，以及随之而来的精神转化的辙迹；或是在意识到苏轼作为选择的主体拥有充分的自由后，却只局限于谈论苏东坡从陶渊明身上所汲取的某一方面营养，并未深入到苏东坡取法于陶的方方面面。故而他们对苏陶的研究尚不全面深入，犹有继续研究的空间。

基于此，本书准备在充分吸收前人成果的基础上，结合中西方文学理论，比如中国的《文心雕龙》中的"明诗"与"事类"理论，西方的接受与阐释美学以及心理学等，来做一番透过陶渊明这一饱含体温的人之媒介后，苏东坡所展开的事关为人、为诗乃至为学方面的自我探索的研究。

四、主要研究方法

一是文本细读法：研究前，笔者广泛地查阅了苏东坡与陶渊明的诗文以及相关理论研究成果，并对之做出整理与深入地阅读。在此基础上，熟悉了苏陶相关作品，对苏陶二人以及他们之间的关系有了深入的了解。而在具体研究过程中，笔者结合各类专著、论文加深了对本书论域的深入理解。

二是对比分析法：对苏、陶的同中异、异中同进行分析，并在苏陶的区别与苏对陶的发展中捕捉到苏东坡自我探索的轨迹以及苏东坡在探索前后的发展变化。

三是历史与逻辑相统一：在注重对历史源流梳理的基础上，以传统诗学批评概念和术语如《文心雕龙》中的"明诗""事类""知音"为主，并借鉴一些西方文学理论如马斯洛的人类需求层次理论等，注重从逻辑上辩证阐释我国古代文学的一些现象。

第一章
透过陶渊明看苏东坡的为人探索

　　在苏辙子由所写的《子瞻和陶渊明诗集引》中记录了苏东坡喜好陶渊明的两个理由："然吾于渊明，岂独好其诗也哉？如其为人，实有感焉？"即陶之诗歌、陶之人品是苏东坡喜好陶渊明的两个理由。而在《论苏轼创作的发展阶段》一文中，王水照先生认为苏东坡在黄州时期对陶渊明的仰慕"偏重在人生态度方面"[①]。结合苏东坡的自我剖白与王水照的理性分析，可知陶渊明最为吸引苏东坡的首要理由乃是陶渊明的为人，这其中又以任真自得的品质最得苏东坡推重。而对陶渊明任真这一品质的推重，乃是遭受乌台诗案之打击的苏东坡难以改易其一腔忠直的表达，是对自己耿介兀傲之个性的肯定与强化。这样的强化，具体在对"睡"（或卧或眠）这一意象所蕴含的闲洁兀傲的品格的反复申说上，以及对"酒"这一任真适意的载体的屡屡吟咏中。在闲洁兀傲与任真适意之外，苏东坡还在与亲人、友

───────────────

　　① 王水照著：《苏轼研究》，石家庄：河北教育出版社，1999 年，第 29 页。

人、乡人乃至古之贤士的饱含深情的交往中,实现了与陶渊明的深刻默契。而在人情的温暖平易这一契合点上,与其说苏东坡有借陶之酒杯而强化自身品格的意味在,莫如说苏东坡与陶渊明两人是旷代而心同,是苏东坡建立在神遇基础上的,与陶渊明进行异世之对话的共鸣式自我肯定,亦是自我探索的一种方式。

第一节 "睡卧"的闲洁兀傲

在《与子俨等疏》一文中,陶渊明所写的"常言五六月中,北窗下卧,遇凉风暂至,自谓是羲皇上人"的闲乐自在的状态,是对生命本真而自由的情态的呈现,是屡经漂泊的人所最为切慕的状态。而苏东坡非但是一个性如麋鹿的渴望自由之人,同时也有着十分波折的升沉经历,加之敏感如他定然能够充分领会"北窗下卧"的无穷妙处,"不如三伏日高睡足北窗凉"[1]"北牖已安陶令榻"[2]"北窗归卧等羲炎"[3]等诗句印证了这一点。不能忘记的是,这一闲乐自在的状态的呈现,是以陶渊明对儿子的训诫为背景的,内中还充满了为人父者的惭愧以及深情,同时也真实无伪地写出

---

[1] 〔宋〕苏轼著:《薄薄酒二首并序》,第 688 页。
[2] 〔宋〕苏轼著:《次韵王廷老退居见寄》,第 890—891 页。
[3] 〔宋〕苏轼著:《泛舟城南会者五人分韵赋诗得人皆若炎字四首》,第 977 页。

了生命的艰辛。因此，与"北窗下卧"的闲乐自在般的轻盈同时存在的，是非常鲜明的对物质生活之沉重的呈现，故而，"北窗下卧"指向的是一种更为心灵与精神性的存在状态，是一种攸关志趣与人格的追求。

　　领会陶渊明寄托在"北窗下卧"这一行为背后之深意的东坡，亦在他的诗词创作中反复强调"睡"（或"眠"）这一意象。当然，"卧"与"睡"之间并不截然相等，然而，在呈现自在本真这一点上，二者是相通的。而苏东坡是以陶为镜鉴进行事关自我的探索，而非直接成为陶渊明，故而他的创作中经常"卧""睡"同用，又以"睡"为多。纵观苏集可知，"睡"（或"眠"）这一意象贯穿了苏东坡诗词尤其是诗歌创作的始终，从《宝山昼睡》的"十围便腹贮天真"的未涉世患到"独眠林下梦魂好，回首人间忧患长"[1]的心有忧虑，再从"午睡醒来无一事，只将春睡赏春晴"[2]的闲适过渡到"一生忧患萃残年，心似惊蚕未易眠"[3]的惶恐以及"蒿师酣寝浪花中""风雨睡不足，黄叶满枕前"的心安从容乃至"报道先生春睡美，道人轻打五更钟"[4]的兀傲风骨，这些"意象"容藏了苏东坡生命的不同际遇，呈现了苏东坡

---

① 〔宋〕苏轼著：《捕蝗至浮云岭山行疲苦有怀子由弟二首》，第 580 页。
② 〔宋〕苏轼著：《春日》，第 1331 页。
③ 〔宋〕苏轼著：《次韵郑介夫二首》，第 2406 页。
④ 〔宋〕苏轼著：《纵笔》，第 2203 页。

的不同生命气格。

一、睡之闲乐

一个人的睡眠状态如何与他的生命状态好坏是直接相关的,因为睡眠与饮食一样都是维持生命存在的必要手段,用苏东坡自己的话说就是"吾生眠食耳"。因此,若对或"睡"或"眠"这一行为进行反复的吟咏,必有其深意在,而与"睡"(或"眠")这一行为反复相随而相关的状态,必然是写作者十分在意的状态。

与"北窗下卧"相与成文的句子是"常言五六月中……遇凉风暂至,自谓是羲皇上人"。五六月是"北窗下卧"的时间,正值农闲,心亦闲。"凉风暂至"是"北窗下卧"的际遇,风来散热,卧者身适,闲静欣然间直契"羲皇上人"的精神境界。可是风乃暂至,并非常遇之境,故而"北窗下卧"的"羲皇上人"之境,并不能时时得契,然而一旦风至得契,便能跨越时空而入人良深、而牢记在心、而反复吟咏。

在《佛日山荣长老方丈五绝其四》中,苏东坡回应了陶渊明的清风"睡卧"的从容闲美:

> 食罢茶瓯未要深,清风一榻抵千金。
> 腹摇鼻息庭花落,还尽平生未足心。

　　该诗写的是夏日午后饮罢清茶抵榻而眠的情境,其时清风微和,呼吸从容,庭花时落,闲静和美到足以消尽欲求不满的尘心,进而抵达"羲皇上人"的妙绝之境。这样的境界,在苏东坡的诗文中,并非昙花般的偶然一现,而是不时回响在苏东坡的诗文中。在《与梁左藏会饮傅国博家》一诗中,苏东坡以"东堂醉卧呼不起,啼鸟落花两寂寂"的悠然自在的状态,重申自己对闲乐的自由之境的热爱。而"须臾我径醉,坐睡落巾帻"①的坦然自得的情状,亦是苏东坡切慕闲乐的体现,尤其值得一提的是,写作该诗的时间是元丰三年正月,其时苏东坡正谪居于黄州,政治处境与生活状况均不如人意,然而苏东坡并不改易他的闲乐之心,殊为可贵。

　　而在闲乐即闲静与欣然之间,苏东坡尤其强调的是"闲"这一状态。在《雨中过舒教授》一诗中,苏东坡有句:"此生忧患中,一晌安闲处……自非陶靖节,谁识此中趣。"在《次韵许遵》中又云:"载酒闲过绿野堂……逢人休道北窗凉。"而在《失题二首其二》中也写道:"自信山中岁月闲。午睡任随鸠唤觉。"重申如此,可知苏东坡对"闲"之状态的推崇。而他的闲并不单指身无所事的闲暇,更是一种自由闲适的心境,是能够"从凡夫俗子的日常生活中发现愉

———————
① 〔宋〕苏轼著:《岐亭五首并叙》,第 1205 页。

悦自身的美"①的状态,有此状态便能成为江山风月的主人,便能够在逃世之机的选择中"尽俗以成雅",充分感受并领会微末之物所带来的快乐,"真正做到无往而不适",进而宠辱不惊、而从容所遇了。

二、睡之幽洁

在呈现"北窗下卧,遇凉风暂至,自谓是羲皇上人"的妙境之前,陶渊明在《与子俨等疏》里还写道"少学琴书,偶爱闲静,开卷有得,便欣然忘食。见树木交荫,时鸟变声,亦复欢然有喜"的欣然欢喜的状态。根据经验可以知道,唯有在人少心静的时候,人们才能更好地获得寓于琴书当中的趣味,才能保持内心的敏感,从而更好地注意到事物的细微变化。而人少心静同样是获得"北窗下卧"之快意的重要因素。人少,意味着与大众的距离,这种距离未必就是物理上的距离,更是一种精神上的距离,这一距离意味着主人公本身志趣的幽洁高雅。

这一幽独高洁的志趣,亦回响在苏东坡的诗词创作中,兹举《寄傲轩》一诗为例,该诗在对仕进之荣辱得失进行了深入思考之后,得出了"茅檐聊寄寓,俯仰亦自足"的结论,为进一步强化自己的感受,诗人继续以"朝课纷扰时,先生

---

① 王水照、朱刚著:《苏轼评传》,南京:南京大学出版社,2011 年,第 583—585 页。

睡方熟"的鲜明对比结束该诗。睡觉本来是人人得而共享的维系生命的必要手段，睡足睡好意味着人的生命形态的自由舒展，然而有些人却以牺牲包括睡眠等在内的残害生命自在的方式来求取荣名。诗人苏东坡却与嚣嚣以进的做法相出入，他并不欣赏"此去宦游如传舍，拣枝惊鹊几时眠"的状态，只是以"红日半窗春睡酣"的足睡的方式来昭示自己不与俗流同调的高洁志趣。

而志趣高洁者，因其有所不为的坚持，不免时常有一种行于少有人走之道路的幽独孤寂的感叹，苏东坡也是如此，无论是"独眠林下梦魂好"孤独，还是"树暗草深人静处，卷帘欹枕卧看山"的独处之际略带闲暇而凄冷的幽寂，乃至"谁见幽人独往来？缥缈孤鸿影"的惊惶，都是这一感叹的呈现。虽然孤独幽寂，甚至有时还要因为有所坚持而承受某些迫害而倍觉惊怖，如同"有恨无人省"[①]的受惊的孤鸿一样，却并不因此而改易志节，而是在"桐阴转午"的时光转换中以"渐困倚、孤眠清熟"的幽独而心安的状态等待"浮花浪蕊都尽"，以此"伴君幽独"（《贺新郎》）。而《贺新郎》一词的写作时间为 1090 年，其时苏东坡已然有过因乌台诗案获罪而贬谪黄州的经历，故而他对幽独高洁志趣的坚守，并非未经考验的流于纸间的空言，而是真正凛然不

---

① 〔宋〕苏轼著，刘石导读：《苏轼词集》之《卜算子·黄州定惠院寓居作》，上海：上海古籍出版社，2009 年，第 103 页。

可改易的信念。

三、睡之兀傲

怀有幽独高洁之志趣的人，也是身负傲骨之人。翻阅陶集，虽然直接诉诸"傲"的文字并不多，但每一处都是筋力十足，令人过目难忘。在《饮酒二十首其七》中，渊明写道"啸傲东轩下，聊复得此生"，简笔言志，表达了诗人在一度离开田园而又复归悠然适意的田园生活后的满足，此中之"傲"颇有一种对所选择的生活方式的信任与肯定的意味。而《归去来兮辞》一文中的"倚南窗以寄傲，审容膝之易安"一句则在继续肯定悠然适意的田园生活的基础上，进一步丰富了"傲"的含义，此中之傲在自足的基础上还多了几分"傲世"的情感成分。

于陶渊明的为人大有感怀的苏东坡，在其诗文中继续回应着"傲然自足"的生命旋律，并且还将"傲"与"睡"（或"卧"、或"眠"）联系起来，这可以从《寄傲轩》诗中的"朝客纷扰时，先生方睡熟"一句得到印证。在苏东坡的诗文中，"睡眠"这一维系生命存在的行为作为一种意象，大大超越了其物质层面的意义，更是一种抒发怀抱的寄托，是一种畅叙志节的媒介。

在《和陶怨诗楚调示庞主簿邓治中》一诗中，诗人写道："我昔堕轩冕，毫厘真市廛。困来卧重裀，忧愧自不眠。如今破茅屋，一夕或三迁。风雨睡不知，黄叶满枕前。"通过鲜明的今昔之环境与心态的对比，呈现了苏东坡虽然处居困境却心安自足的傲然状态。这样的状态亦呈现在作于惠州的《纵笔》一诗中，其诗云："白头萧散满霜风，小阁藤床寄病容。报道先生春睡美，道人轻打五更钟。"在暮年之时遭遇贬谪又遇贫病，情况不可谓不凄惨，当彼之时，苏东坡还能安心入睡，实在是旷达怡然，然而"表面的轻松旷达不掩内里的牢骚与倔强"①，这种寓于日常的轻松，更衬出了苏东坡的兀傲倔强。据曾季貍的《艇斋诗话》②记载："东坡《海外上梁文口号》云：'为报先生春睡美，道人轻打五更钟。'章子厚见之，遂再贬儋耳，以为安稳故再迁也。"在此，我们姑且不论章子厚的为人气度如何，仅仅从他再迁苏东坡的理由即"以为安稳"中一窥东坡的处谪心态。如诗中所写，苏东坡在创作该诗时，是老穷且病，距安稳实在远甚。然而苏东坡却从容春睡，为心安故也，此中心安，大有兀傲的成分。这股铮铮傲骨在贬谪儋耳后继续流露："寂寂东坡一老翁，白须萧散满霜风。"（《纵笔三首》）"白须萧散满霜风"句与"白头萧散满霜风"只有一字之差，于此尤其见出苏东坡的不屈不悔的傲然气骨。有此气骨的苏东坡，自然能够

---

① 张惠民、张进著：《士气文心·苏轼文化人格与文艺思想》，北京：人民文学出版社，2004 年，第 176 页。

② 〔宋〕曾季貍著：《艇斋诗话》，上海：广文书局，1971 年，第 66—67 页。

安享"悠然独觉"的乐趣,而在"回首向来萧瑟处"自觉"也无风雨也无晴"了(《独觉》)。

小结

有感于陶渊明的诗文、更有感于陶渊明的为人的苏东坡,从肯定"北窗下卧"的闲静欣然的生命状态出发,随着人生经历的升沉流转,而不断丰富"睡"(或"卧"、或"眠")的内涵,使这一动作不仅成为标立幽独高洁志趣的象征,更是兀傲风骨的体现。这一丰富不仅是对陶渊明的丰富,更是苏东坡借由陶渊明的"卧"之媒介而丰富升华自我人生境界的探索,经由此,苏东坡终于能在"两足惯曾行荦确"的遭际中,遇见他那"天容海色本澄清"的浩然盛大之本色了。

第二节 酒中的任真适意

翻阅苏集时,能够轻易发现一个有趣的现象,即苏东坡在其诗词中常将醉卧并举:"溪堂醉卧呼不醒"[1]"三杯软饱后(酒),一枕黑甜熟(睡)"[2]"醉饱高眠真事业,此生有味在

---

① 〔宋〕苏轼著:《寄吴德仁兼简陈季常》,第1341页。
② 〔宋〕苏轼著:《发广州》,第206页。

三余"①。这样的并举本来寻常，因为酒醉自然疲乏，疲乏自然卧睡。然而若将这两个紧承的动作置放在苏东坡的整个诗词创作的语境中去，那么"睡"（或"眠""卧"）所具有的言外之意亦适用于"醉"，"醉"中所含藏的真意也与"睡"相通。

而"醉"作为一种状态是由酒催发的。酒本来是身外之物，可是一经入口入喉之后，便能借由周行血脉的方式而"祛百虑"，而让人抵达一种或"远百情"兼"忽忘天"（陶渊明《止酒》）的幽然远世，或"欢不足而适有余"的惬意，或"忘我兼忘世"的物我两忘的状态。如此，反复宣写或酒或醉，寄托的实际上是作者对饮酒所起的某种作用的信赖，以及对饮酒所带来的某种状态的追求、思考或满足，对此，萧统在《陶渊明集叙》中说得清楚："有疑陶渊明诗篇篇有酒。吾观其意不在酒，亦寄酒为迹焉。"②欧阳修更是在其《醉翁亭记》中直言："醉翁之意不在酒，在乎山水之间也。"而以陶渊明后身自视的苏东坡，亦于酒中寄托着自己的许多怀抱。

---

① 〔宋〕苏轼著:《二月十九日携白酒鲈鱼过詹使君食槐叶冷淘》，第2103页。

② 〔晋〕陶渊明著，王孟白校笺:《陶渊明诗文校笺》，哈尔滨：黑龙江人民出版社，第7页。

一、酒之真

在《和陶饮酒二十首其三》中，苏东坡表达了他对陶渊明之真的欣赏："渊明独清真，谈笑得此生。"该句中的"独"字不可轻忽，因为这个字既点出了陶渊明独守清真的可爱，更与"江左风流人，醉中亦求名"的道貌岸然的"不情"作风形成了鲜明的对比。俗谚有云"酒后吐真言"，说的是人饮酒得醉之后身心放松而解除戒备的状态，当彼之时，本该真性流露，却竟然还有人能够不忘汲汲于名利，其情之伪实在是远甚于那些牺牲睡眠而起早谋官的人了。

从苏东坡对处于酒醉状态中的人的不同心态所持有的判然有别的清醒认知出发，我们可以知道他对寄迹在酒中的"真"趣的看重，同在《和陶饮酒二十首》这一组诗的第十二首中，苏东坡甚至用"唯有醉时真"的绝对语气肯定酒醉在"人间本儿戏，颠倒略似之"的环境中所能达至的保全天性与肉体之真实无伤的效用。紧承"唯有醉时真，空洞了无疑"一句而下的是"坠车终无伤，庄叟不吾欺"，同样的主题在《自笑》诗之"醉笔得天全，宛宛天投霓"句以及《惠守詹君见和复次韵》诗之"颓然醉里得全浑……三杯卯困忘家事"句中得到一再的回应。

"坠车终无伤"的故事出于《庄子·达生》篇，原文为：

夫醉者之坠车，虽疾不死，骨节与人同而犯害与人异，其神全也。乘亦不知也，坠亦不知也，死生惊惧不入乎其胸中，是故遻物而不慑。①

　　写的是喝醉酒的人从车上坠落时所受的伤害轻于常人的情形，之所以如此，在于酒醉之人有着完全的神思，故而能够无知无惧而触物自如了。无惧的原因在于无知，无知则是酒醉之后抵达的浑然状态。知悉这一道理而后求醉，是一种刻意的行为，目的在于"忘"，在于"得天全"。对于屡经忧患的苏东坡来说，能够忘怀利害得失，是他能够更好地处对忧患的心理前提。处穷只是"忘"的现实目的，苏东坡还有着更高的精神诉求，即"得天全"，而"其天守全"之人的行迹是"处乎不淫之度，而藏乎无端之纪，游乎万物之所终始，一其性，合其德，以通乎物之所造"（《庄子·达生》）②，即守有天全的人是与大道相合相通的。这样的"天全"境界在庄子的语境下是高于由酒而至的"神全"状态的，而在苏东坡的笔下则可借由酒醉而实现，所谓"醉笔得天全"，因为"唯有醉时真"。由酒之"神全"到酒之"天全"的提升的关键因素是真，如此便可知，苏东坡之酒并不是通往醉的，醉只是外在的浑然，他的内心却是了然的，用他自己的话说就是："颓然坐睡，人见其醉，而吾中了然。"在这

----

① 〔战国〕庄子著，方勇译注：《庄子》，北京：中华书局，2010年，第296页。
② 〔战国〕庄子著，方勇译注：《庄子》，北京：中华书局，2010年，第296页。

一点上，苏东坡与他所喜欢的陶渊明是有着很大区别的，陶渊明所拥有的只是酒前醉后的世界，苏东坡还有酒后醉前的阶段。

而"真"这一作为沟通"神全"与"天全"的媒介，在一定意义上是可以等同于"天全"的。持有"天全"之真的苏东坡，并不固据在精神的高寒之处，而是再度回向人间，回向大地，回向寻常之处的欣然与深情。门生给他送米，他可以在"斗酒与只鸡"的饮食之后"酣歌践华颠"。亦会在生病之时怪罪于酒，并听从兄弟子由的建议认真戒酒。然而"胸中有佳处，海瘴不能腓"的苏东坡，是饮也陶然，不饮也陶然，只要守真持全，戒酒与不戒酒又有什么区别呢？

二、酒之适

苏东坡在《和陶饮酒二十首》序中写道："在扬州时，饮酒过午辄罢，客去，解衣盘礴，终日欢不足而适有余。"由此，我们可以知道，酒带给东坡的并不是淋漓的快意，而是一种近乎平静的闲适与惬意。而"适"作为"苏轼人生思想的落脚点和性格结构的枢纽点"[1]，帮助他实现了"从现实人生向艺术人生的转化"。

酒之"适"首先表现为一种沉醉宁和的从容闲趣。在

---

[1] 王水照、朱刚著：《苏轼评传》，南京：南京大学出版社，2011年，第582页。

《和陶归园田居六首其六》中，苏东坡有句为"长吟饮酒诗，
颇获一笑适"，该句并不直接写酒，但是所写内容为读诵与
饮酒相关的诗章所抵达的状态——"适"，既与酒有些关
系，亦是对"寄酒为迹"的一种思考。"长"字告诉我们，
苏东坡对陶渊明之饮酒诗的热爱，同时也告诉我们苏东坡
在获得寓于陶诗中的趣味之前，经历过反复的沉浸与揣摩。
"颇"字则是对"适"作为一种状态的形容，"适"并非大喜
大乐，而是和和清欢。在上文中，曾经提过在苏东坡的诗文
中经常"醉卧"并举，卧乃自然宁和的状态，故而与之相对
的"醉"亦是自然宁和的，那么随"醉"而得的适便也是自
然宁和的。此外，在苏东坡的诗文中，酒还常与"诗"并举，
如"聊将诗酒乐，一扫簿书冗"[1]"会与江山成故事，不妨诗
酒乐新年"[2]或"春江有佳句，我醉堕渺莽"[3]等。任何一个
有过阅读经验的人都知道，读书（诗）是宁静致远的一种手
段，那么与"诗"相提并论的酒，乃至于随之而来的醉，亦
有从容闲远的旨趣，对此，苏东坡在《失题》一诗里有更为
直白的表达："卮酒从容向晚斟。"

在从容闲趣之外，"适"还"反映了个人主体展向现实

---

① 〔宋〕苏轼著：《次前韵再送周正孺》，第 1586 页。

② 〔宋〕苏轼著：《吴子野绝粒不睡过作诗戏之芝上人陆道士皆和予亦次其
韵》，第 2214 页。

③ 〔宋〕苏轼著：《和陶归园田居六首其二》，第 2105 页。

世界的亲和性",即"从凡夫俗子的普通日常生活中发现愉悦自身的美"① 的创造力,《谪居三适三首》诗,很好地表现了苏东坡以微物为乐的不拘一格。这三首诗分别写了"旦起理发""午窗坐睡"与"夜卧濯足"三件小事,论事在小,其乐无穷,而从小事中取得大乐的关键在于,作为审美主体的苏东坡给这些日常小事赋予了诗意的内涵。因为该部分论酒,所以且将目光聚焦在酒适上,《午窗坐睡》里写道:"神凝疑夜禅,体适剧卯酒。"剧乃甚也,卯酒是早晨喝的酒,在此似可泛称酒,说的是午窗坐睡之时身心舒适甚于饮酒。乍看之下,该诗写的是睡,与酒无关,然而在此,苏东坡是以酒适来比衬睡适的,那么,酒适在"适"这一点上与睡适之"适"是有相通之处的,虽然两"适"并不对等,而苏东坡在诗词创作中经常醉卧并提的行为说明了"醉卧"的闲适相通。闲适而后能静,苏东坡有言"欲令诗语妙,无厌空且静。静故了群动,空故纳万境"②,如此可知闲适是促令诗语妙的关键因素,苏东坡又经常诗酒并举,从这一遣词造句中可以见出酒对于苏东坡诗词创作的重要作用。简言之,饮酒得适,以适之心境观察万物,万物便都着上一层闲适的色彩,从而变得可爱可乐而可歌可诗了。

---

① 王水照、朱刚著:《苏轼评传》,南京:南京大学出版社,2011 年,第586 页。

② 〔宋〕苏轼著:《送参寥师》,第 906 页。

三、酒之隐

一个人，无论是在其得意还是在其失意时，都会想起故乡。对故乡的思念，可以说是一个人情感当中最为深沉且真挚的部分，对此，王粲在他的《登楼赋》有过"人情同于怀土兮，岂穷达而异心"的精辟概括①。苏东坡，正是这样一个深情恋乡并在其诗文中持续一生地反复申说归去的真诚之人。然而，无论是出于对"奋厉有当世志"的救世济民之心的坚守，还是遭受政敌的迫害而一贬再贬的身不由己的无奈，乃至"要以传承和发扬整个华夏的'道'作为人生使命，不愿自锢于当时看来颇为偏远的盆地中"②的考虑，苏东坡在熙宁出川之后，便再无返回家乡的机会。由此，也就不难理解苏东坡会在他的诗文中反复吟唱归乡之曲，这是他排遣现实流落的方式。

为化解乡愁，除在诗文中反复叙写自己的乡情乡恋以及归乡之意外，苏东坡还寻找了其他许多可以抵达故乡的媒介，其中之一便是酒，无论是"入城都不记，归路醉眠

---

① 〔汉〕王粲著：《登楼赋》，《全上古三代秦汉六朝文·全后汉文》卷九〇，中华书局，1958年。

② 王水照、朱刚著：《苏轼评传》，南京：南京大学出版社，2011年，第568页。

中"① 还是"醉中不觉到剑南"②,都是赖于杯酒而通故乡的体现。饮酒的好处,有时是为苏东坡提供一种归乡的可能性,有时则是通过醉酒,让苏东坡浑然入忘,以此在昏蒙之中消解深入骨髓的对故乡的怀念,以及对归去的执着,在《与赵陈同过欧阳叔弼新治小斋戏作》中苏东坡用"一醉忘其家"记录了其醉酒入忘的状态。酒或者饮酒而至的状态,有时甚至可与故乡相比,"老来专以醉为乡"③ 以及"醉有真乡我可侯"④ 便是这一观点的体现,而更鲜明的表达则是《和神释》中的"仙山与佛国,终恐无是处。甚欲随陶翁,移家酒中住"。

而从"酒余欢适似还乡"⑤ 这一以饮酒作为抵达或者回归家乡的路径或"一醉忘其家"的以醉之浑然实现对家山的忘却的举动,到"移家酒中住"与"专以醉为乡"的以酒为家、以醉为乡的转变,是苏东坡对归隐观念的跨越式转变的体现。起初,苏东坡念念不忘回归家乡,回归那置于具体的地理方位的眉山,经历几番升沉荣辱之后,归乡无望的苏

---

① 〔宋〕苏轼著:《访张山人得山中字二首》,第 800 页。
② 〔宋〕苏轼著,〔清〕冯应榴辑注,黄仁轲、朱怀春校点:《苏轼诗集合注·过岭寄子由三首》,上海:上海古籍出版社,2001 年,第 2264 页。因此诗在 1982 年孔凡礼点校本找不到,故用上海古籍出版社的版本。
③ 〔宋〕苏轼著:《次韵赵令𬭎》,第 1393 页。
④ 〔宋〕苏轼著:《次韵王定国得晋卿酒相留夜饮》,第 1617 页。
⑤ 〔宋〕苏轼著:《臂痛谒告作三绝句示四君子》,第 1800 页。

东坡,则转异乡为故乡,无论是"不辞长作岭南人"①的宣言,还是"海南万里真吾乡"的壮语,都是苏东坡这一转变的归隐观念的呈现。

而酒或饮酒之所以能折射出苏东坡隐居观念的转变,在于苏东坡在他的酒中投注了深刻的寄托。酒在苏东坡那儿,"是通往'无待'的媒介","酒可以使诗人达到'无待'的逍遥境界",并在忘记自己、忘记现实的基础上超越"仙山与佛国",从而"进入精神绝对自由的理想境界"。②在此,需要说明一下"仙山与佛国"的作用,对屡经忧患的苏东坡来说,在其身当困厄之时曾经在佛老二学上投注过大量的心血,可以说,"仙山与佛国"是苏东坡在眉山这一具体的物质的家乡外的心灵家乡,至少在疾厄之时给苏东坡的心灵带来了巨大的慰藉。然而,苏东坡却借由酒这一缓冲媒介而始终保持着对"仙山与佛国"的怀疑,这对于一个饱经忧患的人来说不能不说是一种不幸,但是从人的角度来看,苏东坡的怀疑展现了人之为人的尊严,更体现了一种至大至刚的足以与天地三之的大气魄与大境界。

第三节　人情的温暖平易

在《和陶饮酒二十首其十六》中,苏东坡写道:"举酒

---

① 〔宋〕苏轼著:《食荔枝二首其二》,第2194页。
② 杨元元著:《苏轼"和陶诗"之道与隐》,重庆师范大学硕士论文,2009年。

属千里，一欢愧凡情。"一个"愧"字似乎透露出苏东坡在参悟佛老之道后对人间凡情的避却，然而这一"愧"字与其说是对凡情的避却，毋宁说是他应对莫测之人生变故的一种权宜之策略。经历过乌台诗案的性命堪忧之惊怖，也领受过谪贬黄州时的前途暗淡与人情炎凉的苏东坡，对于人生的忧患与莫测实在是印象深刻，故而在时过境迁之后依然心有余悸。但是，苏东坡并不因为滞留在心的隐微不安，而坐困于悲哀之境。他努力寻求超越悲哀的路径，而超越悲哀正是苏东坡区别于包括陶渊明在内的前代诗人的一个很重要的地方。吉川幸次郎先生指出苏东坡超越悲哀的思想基础，包括四个层次：一是"把人生看作如同搓合的绳子的循环哲学"，由此迭代悲喜并且"齐一"好坏；二是对"悲哀作为人生的普遍部分是经常存在"的认识；三是"把人生看作是一个漫长的持续的时间过程的意识"，故而虽有悲哀也将有喜悦；四是在"波动的持续或持续的波动"的人生中"主体持续的反抗"，而反抗未必就是斗争，有时也可以是"委身于波动"①。

而悲哀作为一种情感，隶属凡情的范畴，对悲哀的超越，实际上是对一种凡情的超越，那么对包括别情在内的凡情的超越，也就是对悲哀的超越。在《和王抚军座送客》一

---

① 〔日〕吉川幸次郎著：《宋诗概说》，郑州：中州古籍出版社，1987 年，第85—92 页。

诗中，苏东坡演绎了他超越别情的路径："汝去莫相怜，我生本无依。相从大块中，几合几分违。"于此，苏东坡首先以一种抽象而总览的姿态，点明了人与人之间聚散离合的必然性，他首先指出人的存在本质的孤独性，进而说明人们即使在尘世相遇，也会因为人生的漫长而多有合违迭代的事情发生，由此，离别不仅是轻的、小的，同时也是常见的，如此，离别非但是可以接受的，也是可以承受的。故而在面对离别时，苏东坡并不像他崇慕的陶渊明一样，沉浸在深沉的悲哀中，而是借由透彻的理路，让自己有所拔离。即便有如此透彻的理路，苏东坡也并不能因此而免于别情，不然何以会对他的朋友张中发出"莫作往来相，而生爱见悲"的劝言呢？事实上，苏东坡的超越并不是对情感的泯除，而是为了让自己安度厄患，从而更好地尝味与珍视人间的真情。

　　说起情感，苏东坡所崇慕的诗人陶渊明，可谓是最为浓情之人，在他的诗文中无处不在的，均是他对家山、对亲人、对朋友、对乡人以及对古人的深情，用朱光潜的话说就是："渊明的特色是在处处最近人情。"[①]梁启超对陶渊明的充满人情味的特点亦有着深刻的体认，他的表达是"须知他是一位缠绵悱恻最多情的人"[②]。而吉川幸次郎则认为苏东坡

---

① 朱光潜著：《诗论》，长沙：岳麓书社，2010年，第247页。
② 梁启超著：《陶渊明》，台北：台湾"中华书局"，1980年，第7页。

是一个"对所有的人都拥有一种极为真挚的爱"的人^①，虽然多所折难，却始终不改对人们的深爱。因为共同的人情味，苏轼便能在追和陶诗的过程中，与陶渊明进行一场事关人情的缠绵而深刻的跨时空对话。

一、亲情

从绍圣元年（1094）开始，处在流贬途中的苏东坡接连几次接到发自朝廷的不同命令，这些命令促令苏轼必须在条件恶劣、医药缺乏的惠州与儋州等地安置生命的最后几年。为家人及生计顾，苏东坡只带侍妾朝云与幼子苏过上路，而将其他家眷安顿在阳羡。在惠期间，朝云又因病去世，这对晚境凄凉的苏东坡而言，不能不说是一个重大打击。然而，困境还远未结束。刚刚结束飘荡无依的生活而迁入新居的苏轼，又被贬到医药缺乏且多瘴气的偏远的儋州。自顾无生还之理的苏轼，便让大儿子苏迈领着一大家子人，在广东安家，他自身只带小儿子苏过渡海前往海南，以慰老年的寂寞。苏过，也确实给苏轼以许多安慰，无论诵诗、作诗还是探讨学问乃至自由而随意的漫步。"一笑问儿子，与汝定何亲。从我来海南，幽绝四无临"^②的问叹，即是这种

----

① 〔日〕吉川幸次郎著：《宋诗概说》，郑州：中州古籍出版社，1987年，第96页。

② 〔宋〕苏轼著：《和陶杂诗十一首其一》，第2272页。

欣慰之情的流露。在这种日常的欣慰之外,若能等来远在他处的家人的探访,心中更有丰盈的欣然。在《和陶时运四首》的序言中,苏东坡以"长子迈,与余别三年矣,挈携诸孙,万里远至,老朽忧患之余,不能无欣然"的句子表达了自己内心的喜悦。而在亲自倾听并观看他的孙子"谱儿"与"淮老"的学语与相貌时,作为长者的苏东坡不能不倍感欣慰。

欣快之余,熟读陶集的苏东坡或许会联想到陶渊明"虽有五男儿,总不好纸笔"的苦恼,或许也会在"门生与儿子,杖屡聊相从"[①] 的时候感受到渊明那"好味止园葵,大欢止稚子"(《陶渊明集·止酒》)的寻常而珍贵的快乐,进而深深地认同陶渊明在《杂事十二首》其四中所写的"亲戚共一处,子孙还相宝"的温馨与可贵。而在相聚无望又因事起思且"无以自遣"时,苏东坡便会以"和渊明"的方式排解对子孙的怀念。

在子孙之乐外,苏东坡与陶渊明均还有令人羡慕的情感笃厚且志趣相投的兄弟。陶渊明的从弟敬远,亦困穷如他,甚至到了"萧索空宇中,了无一可悦"[②] 的家徒四壁的境地。虽然如此,敬远却不以为意,反能固穷守节,并安享"晨

---

① 〔宋〕苏轼著:《和陶贫士七首其六》,第 2139 页。

② 陈庆元、邵长满编选:《陶渊明集·癸卯岁十二月中作与从弟敬远》,南京:凤凰出版社,2010 年,第 112 页。

采上药，夕闲素琴"①的精神闲乐。敬远的志趣，正与渊明
等同。所以，在渊明因为遵从内心的诉求，而辞官归隐，而
面对纷纷解劝与议论时，敬远便能给渊明以深刻的理解与
支持，并与他携手同行，一同登高弹琴，一同借由"历览千
载书"②的路径汲取古之遗烈的风范，以此来坚定固守穷困
的决心。

陶渊明与他的从弟敬远这种"相将以道，相开以颜"③
的兼含亲情与知己之情的深厚情谊，引发了苏轼的共鸣。
这一共鸣，呈现在和陶诗中的面目便是"此外一子由，出处
同偏仙"④的表达。所谓"出处同偏仙"说的是，苏辙与苏
轼有着一致的政治立场，有着类似的升沉起伏。而苏轼与
其弟苏辙在理念与行为方面的一致性，同渊明与敬远之间
的情谊，正可异代映照。不过，苏轼终究比渊明幸运，因为
苏辙活得比苏轼更久，这让苏轼不用像渊明一样承受失去
至亲与知己的痛苦。虽然如此，他却要在晚年时，与子由分
隔两地，并借书信传达对彼此的思念。可是，海南有时风大

---

① 陈庆元、邵长满编选：《陶渊明集·祭从弟敬远文》，南京：凤凰出版社，
2010年，第313页。

② 陈庆元、邵长满编选：《陶渊明集·癸卯岁十二月中作与从弟敬远》，南
京：凤凰出版社，2010年，第112页。

③ 陈庆元、邵长满编选：《陶渊明集·祭从弟敬远文》，南京：凤凰出版社，
2010年，第313页。

④〔宋〕苏轼著：《和陶连雨独饮》，第2252页。

雨大，书信难达，苏轼在《和陶停云四首引》中写及的"自立冬以来，风雨无虚日，海道断绝，不得子由书。乃和渊明《停云》诗以寄"[1]，便是对兄弟之间音信断绝状况的如实呈现。虽有如前提及的死别与生离之分，发生在不同时空中的两对兄弟间的出处与志趣一致的默契，却是更为深刻动人的。而这一借由和陶诗昭显出来的兄弟默契，一方面可以让他与渊明实现事关亲情方面的精神对话，另一方面又能返照现实，给苏轼带来安慰与温暖。

二、友情

通览陶集，我们能够发现，陶渊明写及朋友的诗歌仅有《酬丁柴桑》、《答庞参军》（以此为题的诗有两首，一首四言，一首五言）、《游斜川》、《示周续之祖企谢景夷三郎》、《移居二首》与《与殷晋安别》等寥寥几首。虽然，陶渊明在这些诗歌当中描写了不同的对象、流露了不同的态度，但是他的朋友具备的品质以及他本人对交友方式与细节的期待却是一以贯之的。聆善、欣德、能诗、赏趣，是被渊明提及的朋友所具有的一些共性，而心期、同好、登高赋诗、共赏奇文、与析疑义、谈说圣人篇章等等，则是陶渊明所期待的交往方式与交往细节。在实际的交往过程中，若能投合

---

[1]〔宋〕苏轼著：《和陶停云四首引》，第 2269 页。

渊明的期待,那么渊明便能与对方倾盖定交、放欢同游,如他与丁柴桑、庞参军、殷晋安等人的交游一样;若与渊明的期待相背,他亦能致对方以敦厚的劝诫,如他与周续之、祖企、谢景夷等人的往来一般。后者,尤能见出渊明在对待友人方面的通达与亲厚。值得注意的是,期待同趣的渊明,所强调的趣是偏于精神范畴的,而非具体的出仕或隐居之类行迹方面。陶渊明与庞参军在行迹上一隐、一仕,却无损于彼此之间的情谊,便是明证。

为了更好地呈现渊明对待友人"有隐处,无傲处"的"只是一个厚字"①的特征,如下征引了两首同题诗《答庞参军》以及《示周续之祖企谢景夷三郎》为例,来对之做出更为细致的说明。原诗如下:

> 衡门之下,有琴有书。载弹载咏,爰得我娱。
> 岂无他好,乐是幽居。朝为灌园,夕偃蓬庐。
> 人之所宝,尚或未珍。不有同好,云胡以亲?
> 我求良友,实觏怀人。欢心孔洽,栋宇惟邻。
> 伊余怀人,欣德孜孜。我有旨酒,与汝乐之。
> 乃陈好言,乃著新诗。一日不见,如何不思!
> 嘉游未歝,誓将离分。送尔于路,衔觞无欣。

---

① 〔明〕锺惺著:《古诗归》卷九,明万历丁巳刻本。

依依旧楚，邈邈西云。之子之远，良话曷闻。
昔我云别，仓庚载鸣。今也遇之，霰雪飘零。
大藩有命，作使上京。岂忘宴安，王事靡宁。
惨惨寒日，肃肃其风。翩彼方舟，容与江中。
勖哉征人，在始思终。敬兹良辰，以保尔躬。

——《答庞参军》

相知何必旧，倾盖定前言。有客赏我趣，每每顾林园。
谈谐无俗调，所说圣人篇。或有数斗酒，闲饮自欢然。
我实幽居士，无复东西缘。物新人唯旧，弱毫多所宣。
情通万里外，形迹滞江山。君其爱体素，来会在何年？

——《答庞参军》

负疴颓檐下，终日无一欣。药石有时闲，念我意中人。
相去不寻常，道路邈何因？周生述孔业，祖谢响然臻。
道丧向千载，今朝复斯闻。马队非讲肆，校书亦已勤。
老夫有所爱，思与尔为邻。愿言诲诸子，从我颍水滨。

——《示周续之祖企谢景夷三郎》

我们一眼便能从同样的诗题《答庞参军》中看出，上文征引的前两首诗写的都是陶渊明与庞参军的情谊，不过具体的侧重与背景是不一样的。四言版《答庞参军》写的是陶渊明与庞参军共饮酒、陈好言与著新诗等"嘉游"细节，陶渊明与庞参军分别时的依依不舍之态，以及陶渊明对庞参军的美好祝福。五言版《答庞参军》的写诗契机是离开后的庞参军给渊明去信了，渊明十分珍惜，再三展读，有感于中，故而形之于诗。在诗的前半部分，陶渊明先是回顾了二人相交的类型与具体的交往细节，接着转入对庞参军的祝福以及期待重聚方面。通篇诗语亲切，诗情浓挚，体贴感人。对此，清代学者邱嘉穗有着十分贴切的评论："此篇足见陶公善与人交处，'谈谐'数语既静且和，'情通万里外'数语，又期以从要不忘之谊。序中所谓周礼往复之义者，岂虚语哉！"①

不同于与庞参军的以趣相交、倾盖如故、欢然同游，与陶渊明同为浔阳三隐之一的周续之与陶渊明的交游是更为长久的，且一开始二人可谓志趣相同，然而，在刘裕新朝以招揽人才为路径来实现笼络人心的目的时，周续之却应然而出。陶渊明并不赞同周续之的选择，不过，他也没有否定周续之讲学的意义，只是提出周之所处非善地，因此劝诫周续之等人与他一起归隐。这种哪怕志趣渐违，却依旧能够以一种公允的态度评价朋友，并发出真心的劝言的做法，实可见出渊明对待友人的真率敦厚。

陶渊明这一期待志趣相投之友生的发心，与他在具体交往行为中表现出来的真率、浓挚与敦厚的特征，对于屡次

① 陈庆元、邵长满编选《陶渊明集》，南京：凤凰出版社，2010年，第65页。

翻阅陶集的苏轼来说，当是十分清楚，且能引起他的强烈共鸣，因为苏轼也是这样一个温厚平易之人。尽管苏轼有时颇为性急，且有"好骂"的缺点，但是他骂人的情境几与政治主张方面的辩争有关。在面对亲朋百姓之时，他总是十分亲善，因此朋友极多。不过，在政治际遇发生改变时，他的朋友数量也会随之发生多寡的变化。在朝为官时，交游极多极广。出贬在外时，苏轼的一些亲旧，不免因情势、财力或际遇等方面的原因，而与他发生或主动或被动的断绝往来的情形。贬谪惠州与儋州期间的苏轼，便面临了诸多朋辈的凋零谢去。虽然如此，犹有一些身具道德高风的友人，与他保持联系；亦新出现了一些给他温暖的友人，如郑嘉会、周彦质与张中等。

根据和陶诗中相关诗序的记载来看，郑嘉会打算通过海运的方式借给贬谪儋州的苏轼千余卷书，尽管事实上书到得很晚，然而这份情谊却是十分感人的。周彦质，在当地任职的时候，经常以书信的方式问候苏轼，在罢归经过惠州之时，还与苏轼同游半月。在儋州任职的张中，则动用官兵帮助苏轼修补驿舍，由此触怒了当局，被罢免职位。对这些给困境中的苏轼带来极大善意的朋友们，苏轼十分感激，又无以为报，只能写诗以赠。《和陶答庞参军六首》（实际上是将陶渊明的一首原诗分为六章来和）、《和陶赠羊长史》、《和陶与殷晋安别》、《和陶王抚军座送客》以及《和陶答庞参军六首》，便是苏轼借由追和陶诗的方式，而将这些深情厚谊铭记在心、发之于诗的具体表现。让我们征引一些被清代学者纪昀称为具有"友朋之谊，君子之言"品质的和陶诗片段^①或被王文诰认为"真至"的和陶诗全篇，来一看苏轼对他所获得的友谊的呈现与回应：

> 愿言谦亨，君子有终。
>
> 功名在子，何吊我躬。
>
> ——《和陶答庞参军六首其六》
>
> 胸中有佳处，海瘴不能腓。
>
> 三年无所愧，十口今同归。
>
> 汝去莫相怜，我生本无依。
>
> 相从大块中，几合几分违。
>
> 莫作往来相，而生爱见悲。
>
> 悠悠含山日，炯炯留清晖。
>
> 悬知冬夜长，不恨晨光迟。
>
> 梦中与汝别，作诗记忘遗。
>
> ——《和陶王抚军座送客》

上文《和陶答庞参军六首其六》所引部分，为此诗的结

---

① 〔宋〕苏轼著，〔清〕王文诰辑注，孔凡礼点校：《苏轼诗集》，北京：中华书局，1982年，第2225页。

尾，包括祝福与感叹两部分，苏轼希望他那被罢免的朋友周彦质能够有一个理想的归处，且通过"你的功名，和我的功名又有什么区别"的措辞，来消融人我距离，实现朋友二人的心归一处。通常来说，人哪怕能够将心比心、易位思考、兼爱能容，对自己的爱仍旧是占据主要地位的。在这样的情况下，如果有人能够走出自爱之区，或者让他人进入自爱之区，能够像爱自己一样爱他人，那么足见二人情谊的深挚浓厚，有如一体。苏轼在诗中呈现的与周彦质的情感，就是这样一份深厚的情感。

　　《和陶王抚军座送客》写的则是苏轼与张中的情谊。在张中因为苏轼的缘故被罢将归之际，苏轼连续写了三首诗，赠与张中。再三赠诗的原因，一方面是因为"张中虽罢任，屡不成行，故诗亦屡送也"①，另一方面想来与苏轼对张中的感激与愧疚有关。上文征引的是苏轼三首送张中诗的第二首。诗从张中的品质与心态写起，点明了他的胸中佳处、心无所愧，以及即将归去的情形。接着转到解劝张中莫要因为离别而生不舍，而生爱见之悲，因为人生在世的过程，就是分分合合的过程。然而，面对着"悬知冬夜长，不恨晨光迟"的不怕夜长但怕昼转的恋恋不忍离去的张中，作为解劝之人的苏轼，亦让自己的梦境染上了离情别意。于此，可

---

① 〔宋〕苏轼著，〔清〕王文诰辑注，孔凡礼点校：《苏轼诗集》，北京：中华书局，1982 年，第 2321 页。

以返见苏、张二人往日情谊的深挚。

　　而从如前的解读当中，我们发现，苏轼在和陶诗中写及的友情的内核是一种温厚的关照之情。陶渊明原诗中写及的友情，则非常强调志趣相投。有此区别的原因主要是因为苏、陶二人的处境不同。苏轼其时处在亲故多与他断绝往还的情境下，所以他的朋友，至少是呈现在和陶诗中的朋友，几乎是在贬谪之地重新结交的，对方尽管对他关照有加，但是因为过往人生经历的不同，因此很难建立起一种对等的知契程度；另外，对于晚境凄凉而孤寂的苏轼来说，寄于书信的关心、有大量的书可借读以及有可避风雨的屋子居住，至少与精神层面的契合同样重要。而作为主动选择归隐，并因此面对纷纷劝解与议论的渊明来说，得到知己的理解才是最重要的。而无论是注重志趣相投，还是强调人情（偏于患难之际的关照之情），陶渊明与苏轼各自的朋友，都给他们带来了快乐，而他们也在与各自友人的相处中流露了各自温厚通达的人性底色。

三、乡里之情

　　在《和陶九日闲居》一诗中，苏东坡用"坎坷识天意，淹留见人情"这两句诗表达了自己在屡经忧患与坎坷之后，对人生世态之真相的一种认知与把握，既是冷静的，也是充满感慨的，可谓悲欣交集。而以苏东坡晚年的坎坷经历来看，尤其能够给他以温暖的是，来自民间的真情，来自乡野之人的温暖。且以和陶诗中的例子，稍加说明。在《和陶时运四首》中，苏东坡以"邦人劝我，老矣安归"的简短语句载录了谪居惠州时所得到的当地乡人的善待。类似的记录，在《和陶拟古九首其九》和《和陶归园田居六首其五》两诗中更为具体而感人。在《和陶拟古九首其九》一诗中，诗人苏东坡描写了一个形槁神完的独来独往的黎山幽子，他与诗人之间言语不通，也不晓得"诗书""孔颜"，更不知道当时的政局如何，却为苏东坡的遭际感到遗憾而"叹息指屡弹"，更为诗人留下了可以抵御海风之寒的吉贝布，如此厚谊，能不深铭于心？而《和陶归园田居六首其五》一诗中所记录的那个并不过问钱有钱无，而是让苏东坡休憩树下自由食用，甚至可以将其余的荔枝带回家的乡人，亦用他的质朴深情温暖着坎坷而淹留的东坡，就中亦有着对苏东坡的人生与性情的一种肯定。

早苏东坡六百多年的陶渊明，也收到了来自乡人的厚谊。在《归园田居五首其一》中，陶渊明记载了他与农人"相见无杂言，但道桑麻长"的纯粹而真挚的交往；到了这组诗的第五首，陶渊明与邻人之间的关系变得更加融洽了，进而有了"漉我新熟酒，只鸡招近局"的密切互动。可以说，在一年的大部分时间里，陶渊明与他的乡人都是在"过门更相呼，有酒斟酌之。农务各自归，闲暇则相思。相思则披衣，言笑无厌时"①的明朗而无勉强的状态中往来的。但是,有时候也会遇上冻馁的境况,到了这时,陶渊明只好带着内心的挣扎而向乡人乞食,好在主人善解来意,更善解人意,故而"遗赠副虚期",赠送的东西正好是诗人所需要的,之后还氛围友好地谈谐终日,很好地消解了陶渊明的尴尬。当然,有时候也会遇见与自己心意不合的谈话,可是面对着一些父老"褴褛茅檐下,未足为高栖"的并无恶意的真诚劝解,陶渊明也是理解的,因此只是以"纡辔诚可学,违己讵非迷"的对语,来一方面肯定父老们的建议,一方面坚守自己的志节,既善待了他人,也坚持了自己。

四、怀古之情

庄子在《齐物论》里写道:"万世之后而一遇大圣,知其解者,是旦暮遇之也。"②这句话说的是万世之后若有圣人能解会这番道理,就有如旦暮遇见一般,该句既表达了对当代无解者的遗憾,也是对来者的一种期待,是对来日之同道同类者的一种期待。而往从前贤、尚友古人,又是流动在历代仁人志士血脉之中的一种传统,陶渊明与苏东坡都置身在这一传统内,他们身上都有着强烈的追慕前贤的情感,又

---

① 陈庆元、邵长满编选:《陶渊明集·移居二首其二》,南京:凤凰出版社,2010 年,第 72 页。

② 〔战国〕庄子著,方勇译注:《庄子》,北京:中华书局,2010 年,第 38 页。

都是后人所追慕的前贤，在这点上，二人之间依然存有强烈的共鸣。而他们追慕前贤的理由，一方面是对自身所居处的时代以及同时代的一些人存有不满，另一方面则是对知音难逢的时局的应对与超越。

因为陶渊明处在一个"真风告逝，大伪斯兴，闾阎懈廉退之节，市朝驱易进之心"的追慕名利、弃置真性的极为世俗的世界中；加之晋宋易代，时局动荡，因此怀正志道且洁己清操如渊明者，就做出归隐田园的选择。然而，渊明一生经常陷入"箪瓢屡罄，绤绤冬陈"[①]的缺衣少食的境地中去，尽管他已力行躬耕，可是有的时候年成不好，有的时候又遭遇火灾，当此之时，一家人便都要跟着他忍饥挨饿。周围的人并不能全然理解陶渊明固穷守节的精神志趣，反而是被他直观的物质困境触动，因此劝诫渊明："褴褛茅檐下，未足为高栖。一世皆尚同，愿君汩其泥。"[②] 即一方面指出躬耕生活并非好的出路，另一方面则点明既然大家都追逐名利，渊明也可与之合流。面对这些好意的劝诫，甚至是"罕所同"的纷纷议论，渊明身边只有一个深知他心意的仲弟敬远，愿意同他携手，读书饮酒，登高出游。

---

① 陈庆元、邵长满编选：《陶渊明集·自祭文》，南京：凤凰出版社，2010年，第318页。

② 陈庆元、邵长满编选：《陶渊明集·饮酒二十首其九》，南京：凤凰出版社，2010年，第139页。

　　然而，敬远一方面有自己的家事，另一方面未与渊明同住，因此，并不能时时陪伴在渊明身侧。独处而无解人的渊明，不免时有孤寂之感。然而，当渊明独自寂寥时，却只能或"挥杯劝孤影"地形影相吊，或借助古贤以慰己怀。后者，是渊明的常选。因此，当我们翻阅陶集时，便能轻易地发现，古之贤人成了渊明经常吟咏的对象，这些被吟咏的古代贤人包括长沮、桀溺、黔娄、荣启期、张仲蔚、商山四皓、鲁二征士、二疏、张挚（长公）以及许询等志心于隐、固穷守节的具有高尚节操之人。渊明几乎能在任何情境下提及古人，具体为：

　　（1）独自出游之际，如诗歌《时运》篇中写及的"延目中流，悠悠清沂。童冠齐业，闲咏以归"的情形；

　　（2）劝农之际，在《劝农》诗中，渊明援引了众多古人事迹，以此来劝励百姓要务农耕；

　　（3）希望朋友知悉自己的心意之际，如《怨诗楚调示庞主簿邓治中》中写及的"慷慨独悲歌，锺期信为贤"之类；

　　（4）在自己进行耕作之际，如《癸卯岁始春怀古田舍二首其二》中写的"先师有遗训，忧道不忧贫"之类；

　　（5）在物质极为困穷之际，如《癸卯岁十二月中作与从弟敬远》中写及的"萧索空宇中，了无一可悦"的情形；

　　（6）在饮酒之时，如《饮酒二十首其六》中写及的"咄咄俗中愚，且当从黄绮"之类；

（7）在阅读之际，如《读史述九章·箕子》中写及的"去乡之感，犹有迟迟。矧伊代谢，触物皆非。哀哀箕子，云胡能夷！狡童之歌，凄矣其悲"之类；

（8）在临终之前劝慰自己的诸位儿子互相友爱之际，如《与子俨等疏》一文中提及的"鲍叔、管仲，分财无猜；归生、伍举，班荆道旧，遂能以败为成，因丧立功"的事迹，等等。

从如前述及的种种情形中，可以发现，古人之于渊明的重要性。从这些隐士身上，陶渊明或者以前贤"甘心垄亩、勤于躬耕"的精神来巩固自己守耕的决心，或者将"虽贫犹乐、安贫若素的精神内化为一种达观的人生态度，贯彻到生活之中"，或是从相似的人那儿汲取"固穷"的高趣，或是将对前贤的吟咏视为"内心情感的宣泄口"[①]。经此反复吟咏，渊明既舒展了自己的心情，又坚定了自己的志趣，并最终找到了精神上的旷代知音。而这样的心迹在组诗《咏贫士七首》中得到了最为集中的呈现，无论是"何以慰吾怀？赖此多古贤"的自问自答，还是"人事固以拙，聊得长相从"的发愿，乃至"岂不知其极，非道故无忧"的明悟，甚或"谁云固穷难，邈哉此前修"的肯定与赞叹，都是陶渊明从前贤那儿得到鼓励、勇气与肯定的心迹之流露，由此陶渊明虽有源自现实物资匮乏所投影在内心深处的贫富交战，最终却

---

① 卞东波：《尚友古人：陶渊明致敬的隐士们》，《古典文学知识》2014年第6期。

能以"道胜无戚颜"的至德清节来固守自己的旨趣。

　　需要说明的是,渊明的怀古之情,不仅表现在他时时援引、怀想与追从古人方面,还表现在他对古代世界的向往层面。《时运》中的"清琴横床,浊酒半壶。黄唐莫逮,慨独在余"中传达出的难以追及古代社会的感慨,《赠羊长史》中的"愚生三季后,慨然念黄虞"一联诗中表露出的对黄虞之世的怀念,《五柳先生传》中的"无怀氏之民欤?葛天氏之民欤"之类带有肯定意味的身份追问,以及《与子俨等疏》中的"遇凉风暂至,自谓是羲皇上人"的直接承认,均是陶渊明向往"上古时期的开明政治以及真淳自然的民风"①的文字呈现与心迹表露。

　　正如古之贤士给陶渊明带来了许多安慰与鼓励一样,陶渊明也成了许多后来者的异代知音、精神同俦,其中尤以苏东坡的感契为深、得益为大。苏东坡对陶渊明的心仪乃至追慕,自他出仕之时就开始了,并一直贯穿到生命的终点。在他的诗文中,时常发出诸如"胡不归去来,滞留愧渊明"②"且待渊明赋归去,共将诗酒趁流年"③的归去来兮的愿望,亦有"疾恶逢伯厚,识真似渊明"(《赠朱逊之》)的

---

　　① 陈庆元、邵长满编选:《陶渊明集·饮酒二十首其九》,南京:凤凰出版社,2010年,第156页。

　　② 〔宋〕苏轼著:《汤村开运盐河雨中督役》,第389页。

　　③ 〔宋〕苏轼著:《寄黎眉州》,第685页。

称颂渊明之语,更有"世无陶靖节,此乐知者少"(《待旦》)的视陶渊明为知音的心迹流露。然而,在贬谪惠州因此起意尽和陶诗之前,陶渊明之于苏轼,尚还只是一种随俗的场合性的接近,虽有亲近,但欠知契。至惠、儋时期,围绕着苏轼的众多朋友,或因惊惧,或因道远,几如浮花浪蕊一般落尽了。尽管尚有兄弟子由,方外之友如参寥子、吴复古,照顾他的当地官长张中,以及一些心地纯善、举止淳朴的乡民,可以给苏轼带去安慰。但是,子由远隔只能以书信相通;参寥子与吴复古虽有远来见访的厚谊,毕竟时日有限;照顾他的官长也被罢免;乡民虽能予他以人情的温暖,却难以知解他的乐趣。要而言之,限于时空与际遇的往日或近日之交游,并不能给老病而困穷的苏轼,带去随时随地的安慰。为了摆脱精神的寥落之态,苏轼亦如渊明一般,溯着时光之流往前尚友古人。让苏轼倍感亲近的陶渊明,就被他挑了出来,成了可时时伴他幽独的对象。为了更好地说明这一点,让我们先看看苏轼在和陶诗中提及的一些追和渊明的情形:

(1)"在扬州时,饮酒过午辄罢,客去,解衣盘礴,终日欢不足而适有余。因和渊明《饮酒》二十首,庶以仿佛其不可名者,示舍弟子由、晁无咎学士。"[1] 此处说的是因为饮酒

---

① 〔宋〕苏轼著:《饮酒二十首叙》,第 1881 页。

有感,所以勉借渊明之韵,以此表达一些感悟。此时的追和,更倾向于思的成分,而非情的契合。

(2)"三月四日,游白水山佛迹岩,沐浴于汤泉,晞发于悬瀑之下,浩歌而归,肩舆却行,以与客言,不觉至水北荔枝浦上。晚日葱昽,竹阴萧然,时荔子累累如芡实矣。有父老年八十五,指以告余曰:及是可食,公能携酒来游乎?意忻然许之。归卧既觉,闻儿子过诵渊明《归园田居》诗六首,乃悉次其韵。始余在广陵和渊明《饮酒二十首》,今复为此,要当尽和其诗乃已耳。今书以寄妙总大士参寥子。"[①]苏轼此处写到的追和理由是,他游览归卧,醒来后听到小儿子苏过在诵读陶诗,所以起了和诗的念头,并且由此立下了尽和陶诗的计划。也就是从这个时候起,陶渊明再也不是他所熟知的众多前代诗人当中颇感亲切的一位,而是直接擢升为他的灵魂契交,深刻地融进他的晚年贬谪生活,成了苏轼随时想起、随时对话的知音。

(3)"陶渊明读《山海经》十三首,其七首皆仙语。余读《抱朴子》有所感,用其韵赋之。"[②]此处写的是苏轼因为共同的读书行为,所以追和了陶渊明的《读山海经十三首》的情形。

(4)"余迁惠州一年,衣食渐窘,重九将近(或为:伊

---

① 〔宋〕苏轼著:《和陶归园田居六首引》,第 2103—2104 页。

② 〔宋〕苏轼著:《和陶读山海经十三首引》,第 2130 页。

迩），樽俎萧然。乃和渊明《贫士》诗七首，以寄许下、高安、宜兴诸子侄，并令过同作。"① 此处，苏轼则因为处在缺少衣、食、酒的困穷境况中，而想起陶渊明的《咏贫士七首》，并进行追和。《和陶岁暮作和张常侍》诗前的序言，即"十二月二十五日，酒尽，取米欲酿，米亦竭。时吴远游、陆道士客于余，因读渊明《岁暮和张常侍》诗，亦以无酒为叹，乃用其韵赠二子"，亦是苏轼在陷入物质困境之后，以追和渊明之诗来自遣的情形。

（5）"丁丑二月十四日，白鹤峰新居成，自嘉祐寺迁入。咏渊明《时运》诗云：斯晨斯夕，言息其庐。似为余发也，乃次其韵。长子迈，与余别三年矣，挈携诸孙，万里远至，老朽忧患之余，不能无欣然。"② 此处提及的追和理由是渊明《时运》诗中写到的晨夕息庐的场景，与苏轼迁住新居的情形正相称合，由是，苏轼生发了一种渊明的这些句子是为他而写的感契，所以追和了陶诗。而从"似为余发"四字中，可以看出苏轼的此次和陶较之其他时候的和陶来说，是更为欢悦的。欢悦的理由一方面在于，在惠州居无定所的他终于有了一个安稳的落脚处；另一方面则在于，此时的苏轼不再是一个单方面追从渊明的后生，他也得到了渊明的回应，由此就转一场历史性的对话为共时性的交游。

---

① 〔宋〕苏轼著：《和陶贫士七首引》，第 2136—2137 页。

② 〔宋〕苏轼著：《和陶时运四首引》，第 2218 页。

（6）"周循州彦质，在郡二年，书问无虚日，罢归过惠，为余留半月。既别，和此诗送之。"① 此处是因为对他致以殷勤问候的周彦质罢归将别，所以苏轼追和了同样是写于朋友离别之际的渊明的《答庞参军》（四言）一诗。

（7）"丁丑岁，余谪海南，子由亦贬雷州。五月十一日，相遇于藤，同行至雷。六月十一日，相别，渡海。余时病痔呻吟，子由亦终夕不寐。因诵渊明诗，劝余止酒。乃和原韵，因以赠别，庶几真止矣。"② 此处写到的追和理由是，苏轼在与子由同行前往贬所、暂时相聚的一个月里生病了，子由就诵读渊明的《止酒》诗来劝他戒酒，借此契机，苏轼一并追和了渊明的《止酒》诗。

（8）"明日重九，雨甚，展转不能寐。起，索酒，和渊明一篇，醉熟昏然，殆不能佳也。"③ 此处是因为重阳节前夜下大雨，苏轼睡不着，因此干脆起来，饮酒，和陶。而从"辗转不能寐"到"索酒，和渊明一篇"再到"醉熟昏然"的状态转变中，可以发现，渊明与酒，能够起到遣送苏轼之不适的作用。这种借助追和渊明以自遣的方式，在《和陶郭主簿二首引》中有着更为直观的表达："清明日闻过诵书，声节闲美。感念少时，怅焉追怀先君宫师之遗意，且念淮、德二

① 〔宋〕苏轼著：《和陶答庞参军六首引》，第 2223 页。
② 〔宋〕苏轼著：《和陶止酒引》，第 2245 页。
③ 〔宋〕苏轼著：《和陶九日闲居引》，第 2259 页。

幼孙。无以自遣，乃和渊明二篇，随意所寓，无复伦次也。"

（9）"自立冬以来，风雨无虚日，海道断绝，不得子由书。乃和渊明《停云》诗以寄。"① 此处写的是，苏轼因为风雨隔绝了子由的书信，便追和渊明的《停云》诗，以此来表达自己对子由的思念之情。

（10）"小圃栽植渐成，取渊明诗有及草木蔬谷者五篇，次其韵。"② 该处写的是苏轼种植的作物渐渐长成了，所以他就选取渊明集中涉及草木蔬谷的一些篇章来进行追和。

（11）"正月五日，与儿子过出游作。"③ 此处的理由是，苏轼的出游时间与渊明游览斜川的时间均是正月初五，因此他追和了渊明的《游斜川》一诗。

（12）"海南多荒田，俗以贸香为业。所产粳稌，不足于食，乃以薯芋杂米作粥糜以取饱。余既哀之，乃和渊明《劝农》诗，以告其有知者。"④ 苏轼在此处提及的追和理由是，他同情海南人民贸香、不耕的生活习惯，因此借用渊明的诗韵，来劝勉海南人民耕种荒田。值得注意的是，此处的追和是面向公众的，该点与前面提及的十一种面向私人的情形有别，于此，可以看出苏轼未能忘情政治尤其是未能忘情

---

① 〔宋〕苏轼著：《和陶停云四首引》，第 2269 页。
② 〔宋〕苏轼著：《和陶西田获早稻引》，第 2315 页。
③ 〔宋〕苏轼著：《和陶游斜川引》，第 2318 页。
④ 〔宋〕苏轼著：《和陶劝农六首引》，第 2255 页。

于人民的政治担当,尽管他已经处在一种贬无可贬的境地中了。

除了前面提到的面向私人与面向公众的追和场合外,还有一种介于私人与公众之间的场合,《和陶田舍始春怀古二首引》中写到的情况便是如此:"儋人黎子云兄弟,居城东南,躬农圃之劳。偶与军使张中同访之。居临大池,水木幽茂。坐客欲为醵钱作屋,余亦欣然许之。名其屋曰载酒堂,用渊明《始春怀古田舍》韵,作二首。"① 在这里,苏轼因为与军使张中偶然探访黎子云兄弟,发现他们的居住环境十分恶劣,便与众人一起筹钱为子云兄弟建造房屋,因此追和了以耕作以及耕作途中所见为内容的陶渊明的《始春怀古田舍》诗。

而从前面述及的种种追和情境中,可以见知,陶渊明之于晚年苏轼的重要性。这种悲喜穷愁俱和渊明的情形,让人很自然地想起渊明《止酒》诗中言及的酒之于渊明生命的重大作用的表述:"平生不止酒,止酒情无喜。暮止不安寝,晨止不能起。"② 不过,酒的物质性限制了它的对话功能。作为历史上的真实人物且有文学作品传世的渊明,却能跨越这一极限,而与苏轼形成深刻的对话,并进行精神层

---

① 〔宋〕苏轼著:《和陶田舍始春怀古二首引》,第 2280 页。

② 陈庆元、邵长满编选:《陶渊明集·止酒》,南京:凤凰出版社,2010 年,第 157 页。

面的在场交流。这一灵活而即时的转古人为契合的对话者的途径,所带给苏轼的快乐,大抵与酒与古之贤人合而带给渊明的乐趣相当。而促使这一转化得以实现的原因在于,苏轼尽和陶诗的意愿。因为有此意愿,所以苏轼便会处处留意可以追和陶诗的契机。当然,他的追和尽管带有预先的计划性,却非牵强附会,也非规于学陶,而是因缘际会,有感而成。所以王文诰认为"公《和陶》诗,实当一件事做,亦不当一件事做"[①],确乎如此,苏轼对陶诗的追和,是自律、自由而自乐的,且充满了对自我身份的认同。

关于自我的身份认同这点,可从苏轼两度追和陶渊明拟古九首中的第五首的行为中,得到验证。在对其进行分析之前,先将原文征引于下:

黎山有幽子,形槁神独完。

负薪入城市,笑我儒衣冠。

生不闻诗书,岂知有孔颜。

翛然独往来,荣辱未易关。

日暮鸟兽散,家在孤云端。

问答了不通,叹息指屡弹。

似言君贵人,草莽栖龙鸾。

---

① 〔宋〕苏轼著,〔清〕王文诰辑注,孔凡礼点校:《苏轼诗集》,北京:中华书局,1982 年,第 2107 页。

遗我古贝布,海风今岁寒。

———《和陶拟古九首其九》

瓶居本近危,甑坠知不完。

梦求亡楚弓,笑解适越冠。

忽然反自照,识我本来颜。

归路在脚底,殽潼失重关。

屡从渊明游,云山出毫端。

借君无弦物,寓我非指弹。

岂惟舞独鹤,便可蹑飞鸾。

还将岭茅瘴,一洗月阙寒。

———《和陶东方有一士》

《和陶拟古九首其九》刻画了一位形槁神完的黎山幽子,他负薪入城,翛然往来,不易荣辱,家住云端,过着一种极为淳朴的生活,状如《高士传》中的幽人一般。他为苏轼的际遇感到可惜,又赠布料让苏轼御寒,这一行为又让黎山幽人充满了人间的情味。《和陶东方有一士》写的则是苏轼忽然从危险的生存状态中醒悟过来,进而追从渊明,借渊明以进行自我探索的历程。在后一首诗中,苏东坡附有一段自注:

此东方一士,正渊明也。不知从之游者谁乎?若了得

此一段，我即渊明，渊明即我也。^①

　　在如前征引的自注中，苏轼首先将东方一士与渊明加以等同，继而追问"从之游者谁乎？"事实上，既然东方一士正是渊明，那么就不存在从游的人。以此为跳板，苏轼顺利地消除了自己同渊明之间的隔阂，一跃成为渊明本身。但是，此中的"正"与"即"之间是存有区别的。也就是说，渊明诗中塑造的那位缺衣少食却依旧"常有好容颜"的东方一士，是陶渊明建立在自我认知基础上的自我建构。然而苏轼与渊明，却都是真实的历史人物，各有其时代环境、家学渊源与交游之人，这些不同的氛围与环境，势必会将他们塑造成不同的人。所以，"此东方一士，正渊明也"的等式建构是毫无问题的，"我即渊明"的合一却大为不然。那么，苏轼为何下此论断呢？一方面是因为"迹"与"心"是两个概念，虽然在行迹上，苏轼与渊明相去甚远，但是在归隐之心上，二者却是相通的，因此，在略迹取心之后，苏轼"即"渊明的转化便有了实现的可能。另一方面是因为，苏轼所"即"的并非是历史上的渊明，而是借由真实的渊明而塑造出来的想象中的渊明，是他理想中的自我的投射；而在对理想人格的想象性呈现方面来看，苏轼渊明确实是一

---

① 〔宋〕苏轼著：《和陶东方有一士》，第 2267 页。

致的。

从前面的分析中,我们可以发现,苏轼在前后两度追和陶渊明的《拟古其五》(先为《和陶拟古九首其九》,再是《和陶东方有一士》)诗时,呈现出了一种逐渐消弭人我之分的趋势。具体而言,在《和陶拟古九首其九》中,苏轼两分了黎山幽子与自己;在《和陶东方有一士》中,苏轼则自同于渊明。那么,为何会出现这样一种转变呢? 一方面是因为和诗本身的限制,既然是两度追和同一首诗,为了不自我重复,必然要在角度或意思上翻新推进,这对于喜欢自和前韵、自翻其意的苏轼来说[1],实属寻常。另一方面,也即更为重要的原因在于,苏轼逐步产生了一种为己的意识。学者杨治宜在解读《和陶拟古九首其九》时提出,"苏轼通过想象这位普通人所见的自己而建构起来一种自我形象",是"给他的读者——尤其是庙堂的读者——送了首怨诗"[2],这是为了他人而做的呈现。然而到了第二首和诗里,这种为人的动机就消失了,只剩自己与渊明,只有自己式的渊明与渊明式的自己。如此,追和就成了自和,怀古便是即古,在等同时空与齐一人我的过程中,苏轼便能超越当下的困境,抵达精神的自由之地。由此,苏轼方得以在远贬僻远的岭

---

① 据笔者统计,在苏轼诗集中,至少有 39 首的诗题,带有"前韵"字样。

② 杨治宜著:《"自然"之辩:苏轼的有限与不朽》,北京:生活·读书·新知三联书店,2018 年,第 212—213 页。

海之时,保持生命的活力而"不见老人衰惫之气"①。

小结

苏东坡尝言:"如其(陶渊明)为人,实有感焉。"② 而陶渊明在为人方面的任真自然是最为苏东坡所看重的,也是苏东坡本人所具备并且想要维持的品质,为此,他宁可得罪当权派而从不弯折自己的内在心意。但是面对着"寸寸弯强弓"③的多难人生,旧交零落、门户萧条而音书寂寥,当彼之时,唯有将希望寄托在虽然邈远但却实存过的前贤陶渊明身上,通过追和的方式,具体为以"睡"之闲洁兀傲、酒之任真适意以及人情之温暖平易为吟咏对象,借之来反复强调任真自然的人格特征,由此鼓励自己,安慰自己,并最终遇见本就澄清的如天容海色般的本性。

---

① 曾枣庄选释:《三苏文艺思想》,成都:四川文艺出版社,1985 年,第222 页。

② 曾枣庄选释:《三苏文艺思想》,成都:四川文艺出版社,1985 年,第222 页。

③〔宋〕苏轼著:《次前韵寄子由》,第 2248 页。

第二章
透过陶渊明看苏东坡的为诗探索

　　"乌台诗案"，是苏东坡生命的转折点。虽然最后得以侥幸避开死亡、谪居黄州的惩罚，却剥夺了他参与政治的权利，由此，苏东坡不得不收回他对政治的巨大投入，转而将更多的时间放在对逐客生涯的应对上。首先要解决的自然是生计问题，随贬官而来的是俸禄的减少，节衣缩食、开荒种地由此成为维系生命的急务。这一问题，在日后的惠州、儋州的贬谪经历中，继续延存。其次，还要重新寻找实现生命价值的途径。苏东坡自来是一个"奋厉有当世志"的志向远大之人，贬谪的处置却幻灭了他通过从政之路而济世救民的念想。面对着这般无奈的处境，苏东坡并不全然气馁，在力所能及处，他依然为民出力。迫于难以改变的客观现实，他却不得不重新寻找除从政之外的其他生命寄托，而他的寄托最终寓居在两方面：一是包括诗词在内的文学创作，一是注解《论语》等经典。苏东坡的这一选择，与他作为宋代士人的身份特点有关，对此，苏东坡研究专家王水照先生在《宋代文学通论》中曾言："宋代士人的身份有一个与唐代不同的特点，即大都是集官僚、文士、学者三位于一身的复合型人才……其实，政治家、文章家、经术家三位一体，是'士大夫文学'的有机构成。"① 如此，在仕途失意乃至无望时，写作、注经，便成了苏东坡自然而然的生命选择。

而写作，又是最能给苏东坡带来快乐的事情，虽然在《答刘沔都曹书》中，他曾经有过"轼平生以文字言语见知于世，亦以取疾于人，得失相补，不如不作之安也"的表达，但是这只是他对过去所遭祸患的忌惮，更多时候，他是沉浸在创作的快感中的，甚至认为"某平生无快意事，惟作文章，意之所到，则笔力曲折，无不尽意。自谓世间乐事无逾此者"②。在仕途无望之后，苏东坡便将更多的精力投注到为诗作文中，不断拓宽写作题材、开阔写作视野、探索写作风格，经此一番"黄州，惠州，儋州"③的历练之后，终于实现了自己的文章功业，而得以无愧于世了。

按照王水照先生《论苏轼创作的发展阶段》一文来看，苏东坡在黄州、惠州、儋州的诗歌作品，呈现出了一种平淡自然的风貌，这一诗风区别于他创作于任职期间的诗歌作

---

① 王水照编：《宋代文学通论》，开封：河南大学出版社，1997 年，第 27 页。

② 曾枣庄选释：《三苏文艺思想》，成都：四川文艺出版社，1985 年，第 165 页。

③〔宋〕苏轼著：《题金山画像》，第 2641 页。

品所呈现出来的豪放清雄的风格特色。而对陶渊明诗作的熟读及细和,乃是苏东坡之平淡自然诗风完成的重要途径,换言之就是,"这些和陶诗的意义在于它是苏诗艺术风格转变的确切标志,是探讨其晚年风格的有力线索"[1]。循着和陶诗以及与陶作相为呼应的苏东坡的其他诗歌作品这一线索进行探讨,将进一步明晰苏东坡诗作尤其是其晚年诗作的独特风格与深刻内涵。

第一节　以俗为雅的诗材

在《谈艺录·诗分唐宋》条里,钱锺书引了蒋心馀《忠雅堂诗集》卷一三《辩诗》中的一段话:"唐宋皆伟人,各成一代诗。宋人生唐后,开辟真难为。"说的是,唐诗宋诗成并立之势,然而处在"天下之能事毕矣"[2]的唐人之后的宋人,若要在诗歌创作上再辟新局,实在是充满了挑战。为此,北宋早中期一些富有创新精神的诗人如梅尧臣、欧阳修等人,除了开始挖掘与唐诗之丰神情韵相对的注重筋骨思理的风格外,还拓宽写作的题材,大量"普遍的、日常的、和

---

① 王水照、朱刚著:《苏轼评传·论苏轼创作的发展阶段》,南京:南京大学出版社,2011 年,第 430 页。

② 曾枣庄选释:《三苏文艺思想》,成都:四川文艺出版社,1985 年,第266 页。

人们太贴近的生活内容"[①]被宋人大量地写入诗歌。之所以如此,一方面是因为"宋代人们的生活环境,与从前中国人的生活环境具有划时代的区别,而接近于我们的现代人";另一方面则是因为官吏的薪水并不充足,尤其是遇上贬谪或调任时更有许多日常的细节的东西需要考虑[②],由此大大丰富了写作的素材。置身在这样的时代背景下,又屡遭黄州、惠州、儋州的忧患贬谪,苏东坡的诗作题材体现出了丰富的日常性,然而在充满热情的诗心的调和下,本来寻常的题材一跃而具有了审美的雅趣。

在这方面,早苏东坡六百多年的陶渊明便是个中能手,无论是"平畴交远风,良苗亦怀新"[③]的田园风致的呈现,还是"暖暖远人村,依依墟里烟"的家居环境的描写,乃至"种豆南山下,草盛豆苗稀""桑麻日已长,我土日已广"的劳作以及作物生长状况的记录,都是化俗成雅的典范,给苏东坡带来了很多启发,对这些启发的探索主要集中在和陶诗中,此外散见的一些诗作如谪黄期间所写的《东坡八首》,亦有取法于陶的痕迹,需要一并探讨。而以金甫暻《苏轼"和

---

① 〔日〕吉川幸次郎著:《宋诗概说》,郑州:中州古籍出版社,1987年,第14页。

② 〔日〕吉川幸次郎著:《宋诗概说》,郑州:中州古籍出版社,1987年,第14页。

③ 陈庆元、邵长满编选:《陶渊明集·癸卯岁始春怀古田舍二首其二》,南京:凤凰出版社,2010年,第109页。

陶诗"考论——兼及韩国"和陶诗"》一书中对和陶诗自身
内容所做的包括生活记事、亲友情深、论史评人、哲理、士
人心态等方面的分类为基础,本部分的笔墨将会聚焦在苏
东坡结合具体的生活经历与从陶作所得的启发所致的题材
的丰富上,具体为田园与饮食两方面。

一、田园

在《论苏轼创作的发展阶段》一文中,王水照先生写道:
"苏轼在黄州于前代诗人对白居易、陶渊明仰慕备至。"[①] 不
过"他对白、陶的仰慕此时偏重在人生态度方面",虽然如
此,在创作方面也受到了影响,除了将《归去来兮辞》檃栝
为《哨遍》外,还写了颇具陶诗淳朴浑厚风味的事关劳动的
诗作《东坡八首》。之所以说创作于谪黄第二年的《东坡
八首》具有淳朴浑厚的风味,一方面在于《东坡八首》是以
苏东坡在躬耕过程中的所为所见所想为题材进行创作的,
另一方面则是因为诗中的遣词造句以及神韵意态酷肖陶
诗,对此王文诰曾经引用赵次公的评语来表达自己的观点
"八篇皆田中乐易之语,如陶渊明"。兹举该组诗的第四、
第五首为例稍作说明。

其四为:

---

① 王水照著:《苏轼研究》,石家庄:河北教育出版社,1999年,第29页。

种稻清明前,乐事我能数。毛孔暗春泽,针水闻好语。
分秧及初夏,渐喜风叶举。月明看露上,一一珠垂缕。
秋来霜穗重,颠倒相撑拄。但闻畦陇间,蚱蜢如风雨。
新春便入甑,玉粒照筐筥。我久食官仓,红腐等泥土。
行当知此味,口腹吾已许。

其五为:

良农惜地力,幸此十年荒。桑柘未及成,一麦庶可望。
投种未逾月,覆块已苍苍。农夫告我言,勿使苗叶昌。
君欲富饼饵,要须纵牛羊。再拜谢苦言,得饱不敢忘。

第四首诗写的是种稻过程中遇见的一些令人欢愉的场面,如细雨润稻苗,稻苗慢慢变得清脆葱茏,以及由眼前所见而引发的对秋收的想象,乃至对耕作得食的一些肯定。第五首诗写的是耕作的一些感悟、所种作物的生长情况以及田家老农对自己所做的一些耕种要领的指导。用语简朴,景物清和,人情闲美,直逼陶渊明所创作的诸如"平畴交远风,良苗亦怀新……耕种有时息,行者无问津"①的悠然清

<hr>

① 陈庆元、邵长满编选:《陶渊明集·癸卯岁始春怀古田舍二首其二》,南京:凤凰出版社,2010年,第109页。

明的氛围以及"农人告余以春及,将有事于西畴"①的醇和人情。

当然,《东坡八首》组诗中所蕴含的古朴气息,除了可将其同苏轼对陶渊明的学习加以联系外,还需看到这一风味的形成还与苏东坡自身的躬耕实践有关。因为有过切实的躬耕体验,才能深谙各种滋味,也因此才能更好地把握流动在陶渊明诗文中的那种独特的古朴气韵。在《题渊明诗》中,苏东坡在"平畴交远风,良苗亦怀新"句下做了这样的批语:"非古之耦耕植杖者,不能道此语;非余之世农,亦不能识此语之妙也。"这句话正是苏东坡对自己以自身经历为理解陶渊明的基础的说明。而将对陶渊明田园诗作的理解与自身的躬耕经历加以融合的过程,帮助苏东坡进一步丰富了他的创作题材,也帮助他能够更好地驾驭这类题材。引入黄州之前的相关农村以及田园题材作为对比,将会使这一发展痕迹变得更为明显。在苏东坡任职地方包括杭州、徐州的过程中,他曾经写过组诗《山村五绝》以及组词《浣溪沙》,前者是有见有感于王安石的变法而写的讽刺诗,故而虽有"竹篱茅屋趁溪斜,春入山村处处花"之类山村景致的描写也暂置之不论。《浣溪沙》五首是更为纯粹地对山村田园风光的描述,如其一的"照日深红暖见鱼,连村绿暗

---

① 陈庆元、邵长满编选:《陶渊明集·归去来兮辞并序》,南京:凤凰出版社,2010年,第266页。

完藏乌"的山村风致的记录，其二"老幼扶携收麦社，乌鸢
翔舞赛神村"一句所捕捉并记下的当地民俗，其五的"日暖
桑麻光似泼，风来蒿艾气如薰"的山村风光的呈现，都是十
分生动的。尽管如此，苏东坡与农村及田园之间仍然是有
所隔阂的，虽然他自言"使君元是此中人"，但这样的心迹
流露，无非因为他是一个喜爱百姓也被百姓所喜欢的官吏，
所作出的具有浪漫主义情怀的表达，此时的他，还只是包括
劳作在内的田园生活的旁观者。

　　这层隔阂，一直到黄州时期亲历躬耕时，才被打破。而
在黄州之后的惠州、儋州的贬谪阶段，苏东坡自言的"识字
耕田夫"的"耕田夫"身份进一步加深并借由文字化入他
的诗中。在贬谪岭海时期所写的《小圃五咏》组诗，便是以
一个农人兼诗人的身份，将人参、地黄、枸杞、甘菊、薏苡这
些寻常的植物作为题材进行歌咏的。而《雨后行菜圃》中
所言的"梦回闻雨声，喜我菜甲长……未任筐筥载，已作杯
案想"诗句，纯然是一种已经劳作且待收获的容易满足的
老农心理的呈现。而在苏东坡十分看重的"和陶诗"集中
也有包括《和陶劝农六首》《和陶五月旦日作和戴主簿》《和
陶酬刘柴桑》《和陶庚戌岁九月于西田获早稻》《和陶赴假
江陵夜行》等诗作在内的对田园题材的创作。而所有这些
以田园为题材的诗作，尤其是惠州、儋州之后的作品，大抵
都呈现出淳厚自然的风味，都是苏东坡结合自身经历与对

陶诗的学习所形成的,是苏东坡借由陶渊明诗作这一媒介,而实现的对自身创作的丰富与扩展。

二、饮食

谪居黄州后,很现实的一个问题就是"日以困匮"到近乎乏食的物资缺乏的情况,这一问题,在贬谪惠州、儋州阶段,依然存在,甚至变得更为严峻了。面对这样的局面,苏东坡的策略之一是,亲自躬耕,种植作物,以此自养。苏东坡的策略之二则是扩大对食物的接纳程度,这一策略在他任职密州之时已经有所表露,那个时候,苏东坡因困于"斋厨索然,不堪其忧"[①]的状况,便与当时的同事刘君廷式一起去古城废圃寻找野菜充饥;到了谪居黄州阶段,他延续着形成于密州的习惯,欣然接受长江的鱼类、竹笋与猪肉;惠州时期,则以"日啖荔枝三百颗"的好胃口接受当地的饮食风味;谪居儋耳阶段,所能见到的食物越发粗陋,但即便是啃食着"薯芋"一类的简单食物,他依旧安然快乐。这般近乎不加拣择而包容甚广的对各种食物的容纳程度,与苏东坡的简率个性大有关系。据施德操的《北窗炙輠录》所录:"东坡性简率,平生衣服饮食皆草草……筑新堤时,坡日往视之。一日饥,令具食,食未至,遂于堤上取筑堤人饭器,

---

① 陶文鹏、郑园编选:《苏轼集·后杞菊赋并序》,南京:凤凰出版社,2006年,第263页。

满贮其陈仓米一器尽之。大抵平生简率,类如此。"然而,此处的简率并不是对于食物的潦草应付,而是不加挑剔的对简单生活的适应与满足。在困厄的环境中,苏东坡只求满足基本的生活需求,用他的话说就是"所营在一食,食已宁复事"①。而这样一种止于饱腹的饮食节制,为苏东坡提供了应对逆境的从容气度。这份从容的获得,或许也有陶渊明的一份功劳。陶渊明在《和郭主簿二首其一》中曾经写道:"营己良有极,过足非所钦。"对于熟读陶诗的苏东坡来说,想必是心有戚戚于陶渊明的营己有度的节制吧?

在为自己进行谋划经营时,能够有所节制而非过分,对于陶渊明和苏东坡来说都是不容易的,因为他们都曾经历过相对严峻的食物匮乏阶段。被萧统等人视为陶渊明之实录的《五柳先生传》里,陶渊明以"短褐穿结,箪瓢屡空"的简短语句概括了自己贫乏的生活处境,而"风雨纵横至,收敛不盈廛。造夕思鸡鸣,及晨愿乌迁"②的因为歉收而致的饥饿,更是促令陶渊明出外做官甚至向乡中的熟人乞食。在谪居阶段,苏东坡也常有酒尽米竭的尴尬状态,日有所思化而为梦,希望能够"梦中一饱百忧失",事实上却是"人

---

① 〔宋〕苏轼著:《残腊独出二首其二》,第 2162 页。
② 陈庆元、邵长满编选:《陶渊明集·怨诗楚调示庞主簿邓治中》,南京:凤凰出版社,2010 年,第 60 页。

人知我囊无钱""夜来饥肠如转雷"[①]。如此相似的生命履历,引苏东坡不断靠近并取法陶渊明。通常说来,当人们面对自己的缺失或回忆起曾经经历过的匮乏时,在条件允许的情况下,要么是拼命累积自己所缺乏的东西以此来求得心灵的安全,要么是理性审视自己的匮乏并纠正由匮乏所形的偏见,从而欣然于自己的拥有,并正确地对待事物。

陶渊明取后一种态度,苏东坡亦然。在《止酒》中,陶渊明有言:"好味止园葵,大欢止稚子。"说的是最好的滋味莫过于园中的蔬菜,最大的欢乐莫过于与幼子的嬉戏。而苏东坡也以"呜呼天下士,死生寄一杯。斗水何所直,远汲苦姜诗。幸有余薪米,养此老不才。至味久不坏,可为子孙贻"[②]之类体悟,来减少自己的欲求,以饱为足,并在此基础上,对食物保持一份从容的审美的心态,透过食物简单甚至粗陋的表象,挖掘出它们维系生命的重大意义。经由这个过程,结合苏东坡自身因处境艰难而广泛创制乃至尝味的各种食物,大大丰富了苏东坡诗歌创作的饮食题材这一维度。加之有过深刻饥饿体验的苏轼,本身是一个博学有识之士,这就使得他能够借由肉身的饥饿体验,而生发关于该议题的精神层面的思考。这一由肉身到精神的转化,使得苏轼能够超越食物的物质意义,转而向食物所蕴含的精神

①〔宋〕苏轼著:《次韵孔毅甫久旱已而甚雨三首其三》,第1124页。
②〔宋〕苏轼著:《和陶乞食》,第2204页。

层面做诗意的提升。

小结

在田园、饮食这些取法于陶渊明的题材之外，还有其他一些普遍而日常的题材被苏东坡写入诗中，包括人与人之间的一些互动与情感，这些题材也有或呼应或取法于陶的痕迹。兹以苏东坡所作的和陶诗为例。在和陶诗中，苏东坡用大量的篇幅记录了他与儿子苏过、苏迈，孙子淮、德，弟弟子由，侍妾朝云，朋友周循、张中，门生晁补之，乡人黎山幽子等人的交流与情谊。在生活场景方面，和陶诗中记录了苏东坡与儿子苏过出游，沐浴晞发，与当地秀才探访古学舍等事迹。

如上这些题材，是苏东坡诗歌题材日常生活化的特点的呈现。这一特点，有北宋诗坛追求平淡风格的探索作为背景，而北宋的这一时代背景，一方面是迫于唐诗的丰硕成果所带来的压力导致的，另一方面也与北宋的生活环境变化有关，商品市民经济的兴起，促发了人们对日常生活的兴趣，由此，用诗歌记录日常生活的诗人陶渊明便被宋代诗人引为学习的楷模。浸润在这样的时代氛围中，加上苏东坡自身的贬谪经历与诗学兴趣，使他将更多的时间与精力投注到对日常生活题材的提取与创作上，在这一过程中，陶渊明如果不是直接，至少也以文本的载录以及氛围的呈现等方式,启发并影响着苏东坡的创作。

第二节　平淡自然的诗风

在《王定国诗集叙》里,苏东坡有言:"古今诗人众矣,而杜子美为首,岂非以其流落饥寒,终身不用,而一饭未尝忘君欤。"该句从政治角度出发高度肯定了诗人杜甫的忠君爱国之心。在《书黄子思诗集后》则以"李太白、杜子美以英玮绝世之姿,凌跨百代,古今诗人尽废"的句子肯定了杜甫的诗歌成就。合而观之,可知杜甫在苏东坡心中有着其他诗人所难以比拟的重要地位。但是在《子瞻和陶渊明诗集引》篇里,苏东坡却以"渊明作诗不多,然其诗质而实绮,癯而实腴,自曹、刘、鲍、谢、李、杜诸人皆莫及也"的断语,而将诗坛的最高桂冠赋予陶渊明,并表露了自己"独好渊明之诗"的倾向。之所以会有如此判然相反的态度,可以从王水照先生给出的解释得到启发:"他以前曾从政治上推重杜甫为'古今诗人'之首,现在又从艺术上认为杜于陶诗的'高风绝尘'有所不及,并进而以陶渊明压倒一切诗人。"① 在苏轼身上,之所以会发生这一从政治评诗到以艺术评诗的评判标准与方式的变化的原因在于,苏轼自身的生命经历发生了变化:评论杜甫时,苏轼是有心也有位的当朝

---

① 王水照著:《苏轼研究》,石家庄:河北教育出版社,1999 年,第 34 页。

官员；可是在崇尚渊明之际，他只是一个前途无望、老病且穷的被贬之人而已。变化的生命经验，就这样自然而然地变化了苏轼的关注视角，并促令他花费极多心力，来践行自己的新的诗歌理念，并最终发展出了平淡自然的新诗风。

平淡自然诗风的发端，起于黄州，其时苏东坡仕途无望，生计艰难，亲自躬耕。劳作的辛苦，田园的风致，引他靠近陶渊明，在《与王定国四十一首之十三》中，苏轼甚至以"麋糟陂里陶靖节"自号，"麋糟陂"为地名，"麋糟"为不洁义，这个句子说的是，苏东坡以不合格的陶渊明自喻。此时苏轼侧重的是对陶渊明志于归隐、安于躬耕的人格的认同，当然，在创作方面也受到了启发。苏东坡之所以会被贬到黄州，是因为他创作了许多讽刺而奇崛的政治诗，得罪了当政的一些权贵，且给了那些陷害他的人博以罗织罪名的证据。被贬之后，他的亲人朋友，都劝他勿要作诗，听从谏言而心有余悸的他，由此陷入了创作的困境，表现为两方面：其一是苏东坡自己克制作诗的冲动，在写给王定国、秦观、诗僧参寥子等人的信中，他屡有"文字与诗，皆不复作"[①]、"轼本自求作，今岂可食言。但得罪以来，不复作文章，自持颇严"（《答秦太虚七首》）之类克制创作冲动的言论；其二为他的诗歌创作陷入了某些瓶颈，在《与王定国四

①〔宋〕苏轼著，孔凡礼点校：《苏轼文集》之《与王定国诗四十一首之八》，北京：中华书局，1986 年，第 1517 页。

十一首之八》中, 苏东坡以"只是诗笔殊退也, 不知何故"的疑惑, 表达了自己在诗歌创作方面遇到困境的忧虑。虽然有克制创作的冲动, 苏东坡却并不真的停止写作, 这可从他才刚出狱时所写的"却对酒杯浑似梦, 试拈诗笔已如神"[1] 一句得到验证。苏东坡依然创作, 但心有余悸又无实权的他, 需要引入新的诗歌题材, 探索新的诗歌风格。而在得罪遭谪的过程中所经历的世态人情, 又让苏东坡尤其看重与钦赏有道德高风的人, 如此, 任真自然、志于操守的陶渊明的为人与诗风, 便成了苏东坡追慕与取法的对象。

苏东坡对陶渊明的学习过程, 便是苏东坡结合自身生活实际开拓平淡自然诗风的过程。那么, 何谓平淡自然呢? 从语法结构来看, 平淡自然是并列结构, 即平淡和自然, 二者各有其强调侧重。《现代汉语词典》(第 7 版)将平淡解释为"(事物、文章)等平常; 没有曲折", 强调的是平常直接; 自然的释义则是"不勉强; 不局促; 不呆板", 强调的是自愿、自在与灵活。这样的解释部分地贴合了苏东坡与陶渊明语境下的"平淡"与"自然"之义, 不过, 尚需做进一步的补充。因为本书讨论的是苏东坡与陶渊明在诗歌风格层面的对话, 所以就援引他们本人的表述, 来做进一步的探讨。根据曾枣庄选释的《三苏文艺思想》一书中的收录

---

[1] 〔宋〕苏轼著:《十二月二十八日蒙恩责授检校水部员外郎黄州团练副使复用前韵二首》, 第 1005 页。

情况来看,苏轼谈及"平淡"(有时用"枯淡"来表示)的次数高于自然的次数;至于《陶渊明集》中,则尽管出现了四处与"淡"有关的表述,分别为《命子》篇中的"淡焉虚止"、《咏荆轲》中的"淡淡寒波生"、《闲情赋》中的"淡柔情于俗内"与《管鲍》中的"淡美初交",且这些"淡"所在的语境,颇有褒义倾向,但是于诗学风格无涉。所以,如下的分析,便以苏轼的"平淡"与陶渊明的"自然"为对象。

苏轼关于"平淡"(或枯淡)的表达,主要有如下几种:

> 凡文字,少小时须令气象峥嵘,彩色绚烂。渐老渐熟,
> 乃造平淡。其实不是平淡,绚烂之极也。
>
> ——《与侄书》[1]
>
> 所贵乎枯淡者,谓其外枯而中膏,似澹而实美,渊明、
> 子厚之流是也。若中边皆枯淡,亦何足道!
>
> ——《评韩柳诗》[2]
>
> 渊明作诗不多,然其诗质而实绮,癯而实腴。
>
> ——《子瞻和陶渊明诗集引》[3]

---

[1] 曾枣庄选释:《三苏文艺思想》,成都:四川文艺出版社,1985年,第166页。

[2] 曾枣庄选释:《三苏文艺思想》,成都:四川文艺出版社,1985年,第214页。

[3] 曾枣庄选释:《三苏文艺思想》,成都:四川文艺出版社,1985年,第222页。

在如前援引的第一则文字中，苏轼提及了平淡的两个方面内容：其一是平淡的发展过程，其二是平淡的内涵。在苏轼看来，一个人的行文风格，应该与其实际年龄挂钩。具体而言，一个人在其少小之时，应该培养峥嵘气象，并令其培养的气象发露在行文当中。年纪渐大，气象渐成，视野渐开，境界渐熟，技法渐成，当此之时就可以"造平淡"了。一个"造"字说明，苏轼主张的"平淡"，是一种人为的努力与成就，而非与生俱来的气质与禀赋。既然平淡是随着年岁的增长而"造"就的，是"气象峥嵘"与"彩色绚烂"的结果，那么，作为峥嵘气象与绚烂彩色之终点的"平淡"的内涵，自然就是"绚烂之极"了。在《评韩柳诗》与《子瞻和陶渊明诗集引》中，苏轼亦对平淡与绚烂之间的表里与反成之关系，做了论述，不过发生了术语方面的变化。平淡与绚烂，在《评韩柳诗》中的同义词是"外枯"与"中膏"，以及"澹"与"美"；在《子瞻和陶渊明诗集引》中，则是"质"与"绮"，以及"癯"与"腴"。枯即干枯，膏即膏润；澹即清澹，美即丰美；质为缺乏文采与装饰，绮是绮丽；癯是清瘦，腴是丰腴。综合诸义，那么"平淡"表面看来是干枯、清澹、木质、清瘦等面貌；实际却是膏润、丰美、绮丽与丰腴。

要之，苏轼主张的"平淡"是一种富有深味的平淡，是一种经由少小阶段的发展而自然臻极的老年之时的顶峰与终点，而非与生俱来的干枯与木质，更非横刀截断从前的另立面目。以此观之，则朱熹对苏轼和陶诗所下的评断，即"渊明诗所以为高，正在不待安排，胸中自然流出。东坡乃篇篇句句依韵而和之，虽其高才，似不费力，然已失其自然之趣矣"（陶澍《靖节先生集·诸本评陶汇集》），便存有忽略东坡本意的问题。事实上，东坡是从诗歌的风味方面出发，来评判陶诗的。朱熹却是从创作的过程，来称誉陶诗与苏轼的和陶诗创作。苏、陶二人的评陶，其实是对同一个问题（陶诗）的不同层面（风格与创作过程）的发挥。不过，尽管朱熹不怎么推许苏轼的和陶诗，他的"虽其高才，似不费力"却是说到了点子上，因为，持平淡是绚烂之极说的苏轼，正是用他的高才（绚烂之极）来抵达他的不费力（平淡），而这恰恰是符合苏轼天性的自然。

天性，正是朱熹所推崇的陶渊明在使用"自然"这一词汇时，所包含的一个义项。此外，陶渊明的"自然"还包含有其他义项。如下，先让我们看看陶渊明提及自然的一些情形：

贵贱贤愚，莫不营营以惜生，斯甚惑焉。故极陈形影之苦，言神辨自然以释之。好事君子，共取其心焉。

——《形影神序》

久在樊笼里，复得返自然。

——《归园田居五首其一》

质性自然，非矫厉所得。

——《归去来兮辞序》

温尝问君："酒有何好，而卿嗜之？"君笑而答曰："明公但不得酒中趣尔。"又问："听妓，丝不如竹，竹不如肉？"答曰："渐近自然。"

——《晋故征西大将军长史孟府君传》

逯钦立将出现在《形影神》三诗序言中的"自然"解释为"当时老庄玄学的自然观"[1]，陈庆元与邵长满则将该序中的"自然"解释为"自然之理"[2]。乍看之下，两位学者对"自然"的解释颇为歧异，但是在对他们释义的共性进行提炼后，可以发现，《形影神序》中的"自然"，主要说的是一种天地万物运转的规律。根据陈庆元等学者的解释来看，"复得返自然"句中的"自然"指的是"摆脱官场不自由的客观环境而得到的身心自由"[3]，说的是一种不被拘束的身心适如的状态。"质性自然"，逯钦立对它的解释是"性格真率"[4]，陈庆元等的解释则是"秉性真率不矫饰"[5]，虽措

---

[1] 逯钦立校注：《陶渊明集》，北京：中华书局，1979年，第37页。

[2] 陈庆元、邵长满编选：《陶渊明集》，南京：凤凰出版社，2010年，第33页。

[3] 陈庆元、邵长满编选：《陶渊明集》，南京：凤凰出版社，2010年，第43页。

[4] 逯钦立校注：《陶渊明集》，北京：中华书局，1979年，第37页。

[5] 陈庆元、邵长满编选：《陶渊明集》，南京：凤凰出版社，2010年，第267页。

辞稍有不同,但核心都是"真率",也即"质性自然"中的"自然"是"真率"之义。至于"渐进自然"一句,逯钦立认为该处说的是"最自然的音乐是人的歌唱",因为"弦奏用手,远于自然;管弦用口,较近自然;用喉歌唱,最近自然"[①];陈庆元亦作此解释。综而观之,陶渊明诗文中出现的自然包含有如下四个义项:(1)自然的规律;(2)自由自在,或曰自如;(3)真率的性格;(4)天然的歌声。后世以自然二字赞誉渊明的读者,主要取的是该词的第二与第三两个义项,即自如与真率。

经过如前梳理,可知,平淡自然,主要指的是绚烂之极与自如真率。对于苏轼来说,他的诗文始终具有峥嵘气象与绚烂色彩,也不乏本性的自然流露。但是,他在峥嵘绚烂的同时,又有发露与用力过甚之嫌,毕竟他才高学广,难免有逞才使气之举。加之,他有着长期的仕宦经历,官场上的应酬往来极多,因此写下的具有"可以群"之社交功能的诗歌也极多,这些作品,因为场合的限制与人际的顾虑,不可能让苏轼时时刻刻都坦率地流露自己的个性。等到苏轼,因为不可违逆的政治因素,而被贬谪到偏远的幽独之境时,他才能摆脱人际的羁绊,更坦率自由地做自己;也才能对他的诗歌风格进行观察、反思与变化。

---

① 逯钦立校注:《陶渊明集》,北京:中华书局,1979 年,第 174 页。

　　因此,苏轼学陶的着力点,在于给他发露过甚的绚烂与峥嵘安上平淡的外衣,在于平顺内心的奇绝兀傲之气,在于追求言不尽意的悠长余韵。谪居黄州之际的真切躬耕体验,让他写出了《东坡八首》《问大冶长老乞桃花茶栽东坡》《寄周安孺茶》《岐亭五首》《过建昌李野夫公择故居》等具有类陶之平淡古朴诗风的作品,但为数尚少。任职扬州期间,苏东坡继续学习陶诗的风格,《和陶饮酒二十首》便是这一阶段性学习的成果。但是任职扬州期间,苏东坡对陶渊明的追和还不是一个自觉的过程,那时苏东坡尚未投入足够的关注。一直到了贬谪惠州与儋州时期,苏东坡才有了尽和陶诗的自觉,才将追和陶诗视为一件意义重大的事件来对待,以此作为苏东坡"欲以晚节师范其万一"[①]的实践。也正是从这个意义出发,苏轼在面对着自己的和陶诗时,才会有"至其得意,自谓不甚愧渊明"[②]的自信。这一自信表明,在苏东坡自己看来,他已完成了平淡古朴的诗风。

　　助力苏东坡完成其平淡自然之诗风的正是对陶诗的追和,对此王水照先生说得清楚:"这些和陶诗的意义在于它是苏诗艺术风格转变的确切标志,是探讨其晚年风格的有

---

　　① 曾枣庄选释:《三苏文艺思想》,成都:四川文艺出版社,1985年,第222页。

　　② 曾枣庄选释:《三苏文艺思想》,成都:四川文艺出版社,1985年,第222页。

力线索。"①,谢桃坊先生也表达了类似的看法:"苏轼在岭、海完成并结集的《和陶诗》,占整个岭海时期诗作的三分之一,是其岭海创作的重心。它的结集标志着苏轼第一次贬谪时期开始追求的平淡古朴的诗风到此完成,满足了探求诗艺的愿望。"②而诗歌语言的质朴、用典的切合简化甚至少用典故、写景的真切不隔、情感的真挚以及结构的流利圆转等方面,是苏东坡平淡自然诗风呈现的重要标志。

一、语言

宋费衮《梁溪漫志》③中有这样一个故事,"东坡一日早朝,食罢,扪腹徐行,顾谓侍儿辈:'汝辈且道是中何物?'一婢遽曰:'都是文章。'坡不以为然。又一婢曰:'满腹都是识见。'坡亦未以为当。至朝云乃曰:'学士一肚皮不合时宜。'坡捧腹大笑。"苏东坡的不合时宜,在于他具有"奋厉有当世志"的政治抱负,他又是一个"言发于心而冲于口,吐之则逆人,茹之则逆予。以谓宁逆人也。故卒吐之"④的"犯颜纳谏"之人,因此但凡他觉得有不利于百姓的地方,都会

---

① 王水照著:《苏轼研究》,石家庄:河北教育出版社,1999 年,第 35 页。

② 谢桃坊著:《苏轼诗研究》,成都:巴蜀书社,1987 年,第 127—128 页。

③ 〔宋〕费衮撰:《梁溪漫志》,上海:上海古籍出版社,1985 年,第 37—38 页。

④ 曾枣庄选释:《三苏文艺思想》,成都:四川文艺出版社,1985 年,第 215—216 页。

直言而出,托事以讽,化入诗文,他的诗中便多兀傲不平的骂语谑语。对此,黄庭坚看得清楚,并在《答洪驹父书》中指出来:"东坡文章妙天下,其短处在好骂。"为此,他的诗文落了口实,成为御史李定、何正臣等人罗织他的"讪谤"罪名的材料,并最终招致了乌台诗案的生死困辱。宋人朋九万所撰的《东坡乌台诗案》一书,对此有着详细的记录,兹以书中所录的苏东坡在供认时对其诗文所作的解释为例来一看其诗文的好骂倾向:

"误随弓旌落尘土,坐使鞭箠环呻呼。"以讥讽朝廷,新法行后,公事鞭箠之多也。

"追胥保伍罪及孥,百日愁叹一日娱。"以讥讽朝廷,盐法收坐同保,妻子移乡,法太急也。

"任从饱死笑方朔,肯为雨立求秦优。"意取《东方朔传》"侏儒饱欲死",及《滑稽传》优旃谓陛楯郎:"汝虽长,何益,乃雨立。我虽短,幸休居。"言弟辙家贫官卑,而身材长大,所以比东方朔、陛楯郎;而以当今进用之人,比侏儒、优旃也。

"平生所惭今不耻,坐对疲氓更鞭箠。"是时多徒配犯盐之人,例皆饥贫。言鞭箠此等贫民,轼平生所惭,今不耻矣。以讥讽朝廷,盐法太急也。

"老翁七十自腰镰,惭愧春山笋蕨甜。岂是闻韶解忘味,迩来三月食无盐。"意山中之人，饥贫无食，虽老亦自采笋蕨充饥；时盐法峻急，僻远之人无盐食，动经数月。若古之圣人，则能闻韶忘味，山中小民，岂能食淡而乐乎！以讥讽盐法太急也。

"近来屡得山中信，只有当归无别语。犹将鼠雀偷太仓，未肯衣冠挂神武。"意谓迩来饥馑，飞蝗蔽天之甚，以讥讽朝廷，政事阙失，新法不便之所致也。

从如上征引的资料中，可以看出，苏东坡所讥刺的内容大抵是朝廷在实施新法过程中产生的诸多弊端，偶尔也会将讽刺的诗笔对准执行新法的官吏，比如将当时受到重用的官吏骂为侏儒等，言语之间尽是毫不保留的刻薄的讥刺。如此鲜明的讥刺，是通过对官吏鞭笞追捕百姓的直接描写、对人我的不同追求的鲜明对比、对同一个人在任职过程中的心态变化的表面呈现、对百姓所受灾难的幽默式反语以及对灾情的如实又夸张的大胆表达，得到体现的。苏东坡在大胆表达这些令人心生不平的内容时，是以他所具有的那一腔为国为民的慷慨热情、浩然正气以及充沛激昂的生命力为基础的，如此在运笔行文时，内容与气性合一，言语峻利，节奏亢扬，充满了讥刺的力量。然而，这种托事以讽的行为，并未改变上意，反而给自己招来了祸患，并开始了第一次远离仕途的贬谪。

　　呈现在贬谪这一新的生命体验面前的是,有别于宏大政治事件的日常图景,于是尚有畏罪心理的苏东坡,在新的生命际遇中,开始收敛奇绝兀傲的气性,转而学习陶渊明的语浅旨深的表达。追和陶诗,便是这一努力的集中表现。苏东坡的和陶诗创作始于元祐七年(1092),其时苏东坡在扬州任职,写下了《和陶饮酒二十首》;而作于元符三年(1100)的《和陶始作镇军参军经曲阿》①则是和陶诗系列的收关之作。前后历时八年多,由自发到自觉,可见苏东坡的艺术寄托,也可看出苏东坡艺术探索的痕迹。对此宋人何汶在他的《竹庄诗话》中曾经引用《王直方诗话》做出点评,其原话是:"东坡在扬州和《饮酒》诗,只是如己所作。至惠州和《归园田》诗,乃与渊明无异。"在此,试以《和陶饮酒二十首其八》与《和陶归园田居六首其五》为例,加以比对:

　　　　我坐华堂上,不改麋鹿姿。时来蜀冈头,喜见霜松枝。
　　　　心知百尺底,已结千岁奇。煌煌凌霄花,缠绕复何为?
　　　　举觞酹其根,无事莫相羁。

　　　　　　　　　　　　——《和陶饮酒二十首其八》

　　　　坐倚朱藤杖,行歌紫芝曲。不逢商山翁,见此野老足。

---

① 〔韩〕金甫暻著:《苏轼"和陶诗"考论——兼及韩国"和陶诗"》,上海:复旦大学出版社,2013年,第57—58页。

愿同荔枝社，长作鸡黍局。教我同光尘，月固不胜烛。

霜飙散氛祲，廓然似朝旭。

——《和陶归园田居六首其五》

前一首诗，写的是苏轼自己虽然为官但是心向自由，之后以松自喻，表达对自身品格的自信，再后则以凌霄花对应那些构陷自己的群小，用语刚强，心气兀傲。后一首诗，写的是出门遇见劝解自己的父老，虽然并不同意对方的观点，字行贞凛之气犹存，不过，同前一首诗相比，却平缓了许多。由于这两首诗中与诗人构成对话关系的人的身份是不同的：一为构陷自己的小人，一是好言相劝的父老，诗人的反应自然有所区别。但是诗人在行文措辞中所体现出来的自然平淡的倾向，是不应该被忽略的。而同为讥刺作品，《和陶饮酒二十首其八》中的讽刺，较之"平生所惭今不耻，坐对疲氓更鞭棰"的直露，是更为含蓄委婉的。在最能奔放感情的地方都能变得委婉，在其他题材里，苏东坡更是写出了酷肖陶风的作品，前面提到的《和陶归园田居六首》就是这方面的代表作，写于惠州的《纵笔》以及写于儋州的《纵笔三首》，更是风致浑朴，读来不隔。

二、用典

在《岁寒堂诗话》中，张戒对苏东坡的诗歌特点做出了如下概括："子瞻以议论为诗。"更经典的表达则是严羽《沧浪诗话》中的"以文字为诗,以议论为诗,以才学为诗"。"以议论为诗"说的是喜发议论,"以才学为诗"则是指代喜用典故。虽然严羽是就整个宋诗概貌所下的断语,但是苏东坡作为其中学识渊博、才华丰赡的杰出代表,正是"以议论为诗,以才学为诗"的典范。"以议论为诗",起自杜甫、韩愈,而该特点,又贯穿苏东坡创作生命的始终,在此暂不多做展开。事实上,在陶渊明的诗歌中,也有诸如"贞刚自有质,玉石乃非坚"①"善恶苟不应,何事立空言",以及"所以贵我身,岂不在一身"②之类的慨叹,但是陶渊明的议论都是饱含情感的,是带情韵以行的表达,是接近于日常口语的感慨,议论的痕迹非常浅,对苏东坡的影响不大。而据王水照先生在其《论苏轼创作的发展阶段》一文中所言的"此时(岭海时期)一般少用或用常见之典,也不像以前那样过分追求工巧贴切"的表达,可知苏东坡在诗歌创作的用典方面, 确是受到了陶渊明的影响的。

在对苏东坡因为学习陶渊明的诗歌风格而转变他的用典方式进行讨论之前,我们有必要先交代一下用典的目的

---

① 陈庆元、邵长满编选:《陶渊明集·戊申岁六月中遇火 》,南京:凤凰出版社,2010 年,第 118 页。

② 陈庆元、邵长满编选:《陶渊明集·饮酒二十首》,南京:凤凰出版社,2010 年,第 128、130 页。

或作用。《文心雕龙》的《事类》篇中,对事类即典故所下的定义是:"据事以类义,援古以证今者也。"说的是"借用典故来比喻难懂之道理,和援引古语来印证当今所说之理",这一定义指出了用典的两个目的或曰作用,其一便是用典以说明、说清道理,其二是验证道理的可信度。而引用古语,之所以能印证现今所说事件切理与否的原因在于,我们古代历来就有崇古好古的传统。要达到如上效果,就要"取事贵约,校练务精,捃理须核",也就是说"应用典故贵在简约,考核选择务求精审,收集材料必须详实",这样才能够实现"用人若己"①,即"借用别人的话(或典故)就像自己说出的话那样自然"的效果。

以此为标准,让我们来看看陶渊明在诗文创作中的用典特色。陶渊明运用的典故,包括语典与事典两种,其中又以语典为多。所谓"语典"就是"诗文中引用的有出典的语词","事典"则是"诗文里引用的古书中的故事"(见《汉语大词典》)。先来看看语典的运用,兹以《时运并序》中的序言为例:

时运,游暮春也。春服既成,景物斯和,偶景独游,欣慨交心。

---

① 〔南朝梁〕刘勰著,赵仲邑译注:《文心雕龙·事类》,桂林:漓江出版社,1982 年,第 318—322 页。

　　"春服既成",语出《论语·先进》:"暮春者,春服既成。冠者五六人,童子六七人,浴乎沂,风乎舞雩,咏而归。"该处用的是语典,该典以"春服既成"四字写出天暖闲远的气候特点,与上文的"暮春"相对,事实上,此处的"暮春"既是真实的时间阶段,也可以是《论语·先进》篇中的典故,同时又与下文的"景物斯和"句所表达的清和之风致妙合无间,虽是用典,却类同己语,表现出了非常高超且自然的用典功力。《荣木》诗中的"四十无闻,斯不足畏"[①]句、《劝农》诗中的"厥初生民"[②]句,乃至《九日闲居》诗中的"世短苦意多"[③]句等,也都体现了陶渊明高超的用典技巧,在陶渊明的笔下,在他之前的那些典籍仿佛就是为他而准备似的,自然而然间,就化成了他诗文中的有机组成部分。

　　接下来,让我们再看看陶渊明对事典的运用特点,兹以《乞食》为例:

　　　　饥来驱我去,不知竟何之?行行至斯里,叩门拙言辞。

　　　　主人解余意,遗赠副虚期。谈谐终日夕,觞至辄倾杯。

　　　　情欣新知欢,言咏遂赋诗。感子漂母惠,愧我非韩才。

---

　　① "四十无闻,斯不足畏",出自《论语·子罕》:"四十、五十而无闻焉,斯亦不足畏也。"

　　② "厥初生民"句出《诗经·大雅·生民》:"厥初生民,时维姜嫄。"

　　③ "世短苦意多"句出《古诗十九首其十五》:"生年不满百,常怀千岁忧。"

衔戢知何谢，冥报以相贻。

　　这首诗写的是诗人受到饥饿的驱遣，却不知道要向何人告求食物，且行且走地挣扎着，最终敲开了一个朋友的家门，主人的善解人意非但消除了诗人的尴尬，更让诗人得到了意想不到的收获。融洽之中，宾主欢谈畅饮，进而赋诗，以此将和谐欢乐的氛围推向极致。虽然如此，诗人陶渊明并未忘记自己的处境，且深深感念着朋友的善好，于是就把对方比作施予恩惠且不图回报的漂母，又意识到自己并非富有政治才干与政治野心的韩信，恐怕今生报恩无望，便只好以死后相报作罢。在这首诗里，除了"行行至斯里"句与曹丕《杂诗》中的"吹我东南行，行行至吴会"的句式相同，是语典外，更明显的典故是漂母与韩信的事典，而这一事典出自《史记·淮阴侯列传》："信独钓于城下，诸母漂，有一母见信饥，饭信，竟漂数十日。信喜，谓漂母曰：'吾必有以重报母。'"诗人运用这一典故，委婉含蓄地表达对赠给自己食物的朋友的感激，虽然陈祚明认为"后四句稍拙"，但这样的认识是建立在陶渊明必须是"曾不吝情去留"（《五柳先生传》）的放达印象上的，如果打破这一印象，单从用典切当与否的角度出发的话，那么这个典故是与"叩门拙言辞"之"拙"一致的，表现出了诗人真实的羞愧，因此"把陶渊明还原为一个有人情味的人"。^①而就这首诗的行进过程来看,漂母韩信这一典故的运用,就像水从高处流到低处一样自然。《饮酒其十一》中的"颜生称为仁,荣公言有道"句与《饮酒其十二》中的"长公曾一仕……仲理归大泽……"句乃至《拟古》诗中的大量事典的运用,都在不经意间实现了与典故前后内容的浑然一体,体现了陶渊明极为动人而高妙的艺术修养。

苏东坡的用典,比之陶渊明,显得更为密集,用典的效果,即便恰切妥当,有时也会因为内容的庞博而给人以晦涩难解的感觉。而有时候,迫于自身饱满的知识积累、敏锐的艺术感知以及充沛的创作冲动,苏东坡不免在"行于所当行,止于不可不止"的创作快感中,使他的用典有失当难解的地方。对此,赞同用典者如清人张道,称赞东坡之用典是"左抽右取,纵横恣肆,隶事精切,如不着力"(《苏亭诗话》卷一);否定过分用典者如王夫之则认为"人讥西昆体为'獭祭鱼',苏子瞻、黄鲁直亦獭耳"^②;而更为就事论事者如纪昀,他的结论是:"(苏轼)善于用多,不善于用少,善于弄奇,不善于平质。"(《纪评苏诗》卷四〇)总体来说,苏东

---

① 田晓菲著:《尘几录:陶渊明与手抄本文化研究》,北京:中华书局,2007年,第119页。

② 〔清〕王夫之著:《姜斋诗话》卷二《夕堂永日绪论》,北京:人民文学出版社,1961年,第158页。

坡"习惯于拉杂使用事典、佛语、道书、小说、俚语"①，有些如"软饱（酒）""黑甜（睡）"之类的俗语，若非苏东坡自注，他人实在是不知道苏东坡究竟在表达什么。试举《和董传留别》一诗来看看苏东坡早年的用典特点：

粗缯麻布裹生涯，腹有诗书气自华。厌伴老儒烹瓠叶，强随举子踏槐花。

囊空不辨寻春马，眼乱行看择婿车。得意犹堪夸世俗，诏黄新湿字如鸦。

这首诗写于治平元年（1064）年十二月，其时苏东坡罢凤翔签判任，转任汴京，途经长安与董传话别而作。此诗赞扬董传的才学品格，同情其落第的不幸，并表达了深切的寄望。首联写董传虽衣着朴拙却因为腹有诗书而丰神俊朗，以下三联则几乎句句用典："厌伴"句典出《后汉书·儒林传》"刘昆'教授弟子恒五百人，每春秋缫射，常备列典仪，以素木瓠叶为俎豆'"；"寻春马"典出孟郊《登科后》诗"春风得意马蹄疾，一日看尽长安花"；"择婿车"典出《唐摭言》所记载的朝廷为考中之进士设宴曲江，公卿家在那天出入择婿、车马塞道的风俗，"诏黄"典出唐人卢仝《示添丁》"忽来岸上翻墨汁，涂抹诗书如老鸦"句。这些典故加强了诗

① 谢桃坊著：《苏轼诗研究》，成都：巴蜀书社，1987年，第167页。

歌的文化氛围,用博而不奇,然而若读者不知道苏东坡写作此诗的文本背景,那么是很难深入领会诗歌中的真意所在的。至于《石鼓歌》一类的富有"精悍之气"(纪昀《苏诗选评笺释》卷四)的比喻精警、用典奇博的作品,更是对读者的知识背景提出了很高的要求。

虽然在谪黄之后,尤其是在贬谪惠州之后,苏东坡推崇平淡自然的诗风,故而在推重陶渊明的人格之外,更是将陶诗奉为自己诗歌创作的学习楷模,但是并未刹住自己喜欢用典的惯性。事实上,用典并非坏事,陶渊明在诗文创作中也有大量语典、事典的运用,只要典故的运用是自然而流畅的,那么典故便能给诗文增添许多余韵。如此,苏东坡需要做的便是让自己的典故运用趋近一种"渐老渐熟,乃造平淡"①的"温丽靖深"②的状态。而以苏东坡那通今学古的深厚学识背景以及"吾文如万斛泉源,不择地而出"的充沛的艺术创造力来看,他是很难追步陶渊明那种悠然闲远的用典从容的。他必须另辟蹊径,而他又自来都具备"著成一家之言"③的立言抱负,于是,苏东坡就用智者的宁定去统御

---

① 曾枣庄选释:《三苏文艺思想》,成都:四川文艺出版社,1985 年,第215—216 页。

② 曾枣庄选释:《三苏文艺思想》,成都:四川文艺出版社,1985 年,第213 页。

③ 曾枣庄选释:《三苏文艺思想》,成都:四川文艺出版社,1985 年,第147 页。

他的知识与创造力，以让自己的典故运用趋近诗歌运行的需要，而非将诗文中的用典变成炫耀自己才华的场地。《和陶归园田居六首其三》便是这种努力得到体现的例子：

> 新浴觉身轻，新沐感发稀。风乎悬瀑下，却行咏而归。仰观江摇山，俯见月在衣。步从父老语，有约吾敢为？

这首诗除最后两句外，都运用了典故："新浴"句来自《楚辞·渔父》"新沐者必弹冠，新浴者必振衣"；"新沐"句典出白居易《因沐感发寄朗上人二首》其一之"沐稀发苦落，一沐仍半秃"句；而"风乎"两句出自《论语·先进》；"仰观"句则受到《兰亭集序》"仰观宇宙之大，俯察品类之盛"的影响；而"俯见月在衣"亦糅入了杜甫《泛溪》诗"衣上见新月"的成分。虽然运用了众多典故，但是个个典故都像从自己口中说出一般自然，起承转合间，一气呵成，流畅灵动。至于《和陶归园田居六首其一》中的"东家著孔丘，西家著颜渊。市为不二价，农为不争田。周公与管蔡，恨不茅三间"几句，所用之典十分常见，且措句自然，浑朴天成，有渊明风致。而写于同一时期的《谪居三适》系列以及《汲江煎茶》更是以不用典或用常典等为特色，让人容易理解与接近。

当然，在和陶诗系列以及写于晚期的其他系列中，依旧有密集用典以及用典奇崛甚或失当的例子,"如《和陶郭主簿二首其二》,全诗共 14 句,后 10 句每句都用典;《和陶赠杨长史》全诗 24 句用了 15 个事典;《和陶始经曲阿》全诗 20 句用了 15 个事典"[①],而《和陶杂诗十一首其八》也因为重叠用典之故,而使得诗意晦涩、行文窒闷。这一密集用典的惯性的保持,既可以视为苏东坡学陶不似的证据,同时也可看成苏东坡保留本色的体现。虽然苏东坡在确定"欲以晚节师范其(渊明)万一"的决心后屡有"至其得意,不甚愧渊明"[②]乃至"我其后身盖无疑"[③]的自我确定,然而作为一个有着"著成一家之言"之风格追求的诗人,想必苏东坡是知道成为第二个陶渊明是不可能的,也是没有必要的。换句话说就是,苏东坡学陶无论是肖陶还是像己,都既是成功的,也是失败的。假若肖陶,其成功的地方在于,探索的努力得到了回报,失去自己原有的个性却是得不偿失之处。假若不肖陶,虽然保持了本色,但是探索的诚意与努力却是值得怀疑的。而苏东坡的智慧与可贵之处在于,他在探索的过程中,力图在自己的特色与陶诗的平淡自然风格之间打开一

---

① 杨松冀著:《精神家园的诗学探索——苏轼"和陶诗"与陶渊明诗歌之比较研究》,北京:人民出版社,2012 年,第 67 页。

② 曾枣庄选释:《三苏文艺思想》,成都:四川文艺出版社,1985 年,第 215—216 页。

③〔宋〕苏轼著,孔凡礼点校:《苏轼文集·和陶归去来兮辞》,北京:中华书局,1986 年,第 2201 页。

条通道,以最终实现他那"质而实绮,癯而实腴"(《子瞻和陶渊明诗集引》)的"精深华妙"的诗学理想。

三、景物

王国维在其《人间词话》中拈出了"境界"二字,以替代同是评价诗人诗作的严羽的"兴趣"说和王士禛的"神韵"说,他的原话为:

> 严沧浪《诗话》谓:"盛唐诸公,唯在兴趣。羚羊挂角,无迹可求。故其妙处,透彻玲珑,不可凑拍。如空中之音、相中之色、水中之影、镜中之象,言有尽而意无穷。"余谓:北宋以前之词,亦复如是。然沧浪所谓兴趣,阮亭所谓神韵,犹不过道其面目;不若鄙人拈出"境界"二字,为探其本也。[①]

那么,何为境界呢?王国维的定义是:"境非独谓景物也。喜怒哀乐,亦人心中之一境界。故能写真景物、真感情者,谓之有境界,否则谓之无境界。"[②]也就是说,境界包括景物与感情两个部分,且景物与感情都必须是真切的,如此方算有境界。又如何才是真切?王国维举了一些例子:

---

① 施议对译注:《人间词话译注》,长沙:岳麓书社,2003年,第17页。
② 施议对译注:《人间词话译注》,长沙:岳麓书社,2003年,第13页。

"'红杏枝头春意闹',著一'闹'字,而境界全出。'云破月来花弄影',著一'弄'字,而境界全出矣。"① "红杏枝头春意闹"中的"闹"字,与"云破月来花弄影"中的"弄"字,都是化静为动、以物拟人,将繁簇的杏花密密挨挨挤在一起的情状,与在月光映照下的花身与花影互相映衬的场景,均写得极为鲜活、传神、贴切。以此观之,则要"有"境界,就要在表达上做到鲜活、传神、贴切。在技法的高妙之外,还要有心态的诚恳,即要做到"其辞脱口而出,无矫揉妆束之态"②。如此一来,就能使创作者的文字实现"其言情也必沁人心脾,其写景也必豁人耳目"③的效果。而如前提及的关乎境界的三个方面,即表达技巧(状物之妙),创作心态(诚恳)与表达效果(沁人心脾与豁人耳目),可用以衡量古今一切诗人的文字是否有境界。下文,我们将以此为分析角度,来一看陶渊明的诗歌与苏轼的和陶诗,在事关景物描写方面的境界对话。

就陶渊明来说,尽管他的诗歌题材包括田园诗、纪游诗、咏怀诗、赠答诗与咏史诗五类,但是他写得最为出色的诗歌门类是田园诗。这一方面是因为他有着非常真切而长久的躬耕体验,这样的体验,成了陶渊明最为基本且广泛的

---

① 施议对译注:《人间词话译注》,长沙:岳麓书社,2003 年,第 15 页。
② 施议对译注:《人间词话译注》,长沙:岳麓书社,2003 年,第 94 页。
③ 施议对译注:《人间词话译注》,长沙:岳麓书社,2003 年,第 94 页。

写作素材；另一方面则是因为陶渊明的"颇为老农"的生存状态，是他经过慎重考虑之后的坚定选择，因此田园之于他，除了是力耕以保衣食的场所外，还是他寄托志趣的园地，所以，陶渊明能够对田园进行审美的、诗意的以及精神层面的观照与提升。与陶渊明"颇为老农"的双重状态相对应的是，他的田园诗中，既有悠然闲美的田园与自然风物，又有饱暖饥寒的真实记录，其中，尤以对田园自然风物的呈现，最为可喜动人。如下，让我们看看渊明原作中事关田园自然风物的一些精妙表达：

> 东园之树，枝条再荣。
> 竞用新好，以怡余情。
>
> ——《停云》
>
> 山涤余霭，宇暧微霄。
> 有风自南，翼彼新苗。
> 洋洋平津，乃漱乃濯。
> 邈邈遐景，载欣载瞩。
> 称心而言，人亦易足。
> 挥兹一觞，陶然自乐。
>
> ——《时运》
>
> 少无适俗韵，性本爱丘山。
> 误落尘网中，一去三十年。

羁鸟恋旧林，池鱼思故渊。

开荒南野际，守拙归园田。

方宅十余亩，草屋八九间。

榆柳荫后檐，桃李罗堂前。

暧暧远人村，依依墟里烟。

狗吠深巷中，鸡鸣桑树巅。

户庭无尘杂，虚室有余闲。

久在樊笼里，复得返自然。

——《归园田居五首其一》

气和天惟澄，班坐依远流。

弱湍驰文鲂，闲谷矫鸣鸥。

——《游斜川》

蔼蔼堂前林，中夏贮清阴。

凯风因时来，回飙开我襟。

息交游闲业，卧起弄书琴。

园蔬有余滋，旧谷犹储今。

营己良有极，过足非所钦。

春秫作美酒，酒熟吾自斟，

弱子戏我侧，学语未成音。

此事真复乐，聊用忘华簪。

遥遥望白云，怀古一何深。

——《和郭主簿二首其一》

重云蔽白目，闲雨纷微微。

流目视西园，晔晔荣紫葵。

——《和胡西曹示顾贼曹》

平畴交远风，良苗亦怀新。

——《癸卯岁始春怀古田舍二首其二》

结庐在人境，而无车马喧。

问君何能尔？心远地自偏。

采菊东篱下，悠然见南山。

山气日夕佳，飞鸟相与还。

此中有真意，欲辩已忘言。

——《饮酒二十首其五》

仲春遘时雨，始雷发东隅。

众蛰各潜骇，草木纵横舒。

——《拟古九首其三》

　　在《停云》诗引用的例子中，诗人陶渊明用一个"竞"字，传神地写出了春天草木争先吐绿发芽的生机勃勃的热闹景象；"怡"字则将草木拟人化为解会人意的存在，以此来将诗人拉入草木荣荣生长的欣然之境中。实际上，草木的生长，不过是自然规律的运行使然，与人何干呢？但是，那种生命的复苏与发扬之感，那种崭新的绿，那种温柔的花叶，却能将喜悦一径传到人的心底，让人倍感清盈欢愉。渊明的"竞用新好,以怡余情"八字,可谓道尽千古处于天人合一、物我交融状态中的人的快意之感。

《时运》一诗,写的是诗人渊明于暮春之际偶影独游的所见、所历与所感,上文引用部分涉及的内容是诗人游览过程中的所见。在这些句子中,尤其生动的是"有风自南,翼彼新苗"部分,该处仅用一"翼"字,就将在春风的吹拂下习习、振振如蝴蝶翩跹的翅翼、如飞鸟优美的羽毛的新苗的清扬欢乐之态,写得极是生动畅快。借由它,我们仿佛能够破越千余年的时空阻隔,而抵达渊明的游览现场,而与他一起感受山中的云气变化,一起观赏风中的草木之态。从《癸卯岁始春怀古田舍二首其二》中引用的"平畴交远风,良苗亦怀新"两句,亦是对风与苗叶接触后呈现出来的欣欣融融的飞扬状态的描写,不过,此处的"平"与"远"二字,还进一步补充了被渊明纳入视野的地域的范畴之广,这两句诗会很自然地让人联想起陶渊明的"桑麻日已长,我土日已广"(《归园田居五首其二》)的表达。而将两处诗句互相对读之后,就能发现,渊明因为风翼新苗而生的喜悦,不仅仅是由于物态本身的可喜动人,还因为这幅场景预示着丰登的年成。

从上面的分析中可以发现,从《停云》与《时运》等诗中所引的例子,都是对静物的动态拟人化呈现,这还只是渊明状物之妙的一个侧面,此外,渊明亦善于刻画动物的自在闲如的存在状态。《游斜川》诗中引及的"弱湍驰文鲂,闲谷矫鸣鸥",便可为例。在"弱湍驰文鲂"一句中,"弱"与"文"字传递给人一种舒徐静柔的感觉,可是一个"驰"字又将这种舒徐静柔的画面打破,化静为动,舒徐的河流,因之一下子灵动起来。这一静动互生的结构,亦出现在"闲谷矫鸣鸥"中,不过此处并非安静被打破的情形,而是安静被补充的状态。"闲"字点明了山谷的安静与广阔,这一安静广阔的空间,正是适合鸣鸥展翅高飞的场地,于是"矫鸣鸥"的出现,便是极为恰到好处的。这种空间与生物融融恰和的状态,自在动人之极,可视为归隐田园后的诗人身心适如状态的一种象征。此时的诗人,再也不需"望云惭高鸟,临水愧游鱼"(《始作镇军参军经曲阿作》)了。

　　如前,两分动、植的文本分析方式,或许会给读者造成一种渊明的诗作或是专写动物或是专写植物的错觉。事实却是,渊明的诗歌往往充满了动、植与我(诗人)之间的交融。不过,这种交融,有时是反衬式的,如在《乙巳岁三月为建威参军使都经钱溪》一诗中,渊明通过"微雨洗高林,清飙矫云翮"的林清鸟飞的干净自由之态,来反衬自己"勉励从兹役"的行役的艰辛与束缚;有时则是相成式的,上文引到的《和郭主簿二首其一》与《饮酒二十首其五》即属此类。让我们以渊明最受欢迎的《饮酒二十首其五》为例,来一看他与万物同闲、与自然冥契的悠然之态。诗歌先从

"在人境"却无"车马喧"的矛盾现象写起,再以问答的方式来指明"心远"是化人境为地偏的关键,接着以诗人的采菊见山与日夕之际飞鸟归返的景象,来进一步具体化"心远"的悠然而超越的效果。因为诗人能够在内心深处与他所身处的环境,保持一种距离感,所以他就能脱越种种尘世的竞逐,而自在采菊,而悠然见山,而敏感地捕捉到山中气息在日夕之时的干净清爽,而为归鸟的相伴归家而感到由衷的欣然与喜悦。当彼之时,人在物中,物在眼中,而交融的人与物,俱在天地的悠然闲散中。

综上可知,陶渊明有着极为传神的刻写包括动物与植物在内的景物的闪光时刻的能力,这一能力是建立在他"爱丘山"的本性之上的。因为怀此热爱,所以渊明能够对山川风物进行静观细察,并以一种高质量的朴素来对他所感会到的美好进行呈现。因此,哪怕我们与渊明相距一千六百多年,但是透过渊明简练高妙的文字,我们依然能够有如亲临地感会到渊明所珍视的那些美好。

相比于虽曾因为壮志与生计而远游却最终固穷耕隐的陶渊明来说,苏轼因其不断迁转的仕宦经历,可谓遍行大江南北。每到一地,苏轼除了尽职尽责地完成自己的公务之外,他还携同当地的同事与朋友,一起登山临水,一起自由地释放自己的麋鹿天性,一起短暂地成为湖山的主人。如此广阔的行游经历,给恋慕清景的苏轼,提供了大量事关山

水的诗歌题材。据笔者不完全统计来看，苏轼诗题中带有
"游"字且该字释为"游览"之义的共有八十多处，此外，
尚有许多标题不带"游"字但实际上亦是写景的诗歌，如
《牛口见月》《江上看山》《雨中明庆赏牡丹》以及《百步洪
二首》之类。从中，可以见知，山水是苏轼诗歌的一大重要
组成部分。当然，苏轼诗歌中的风景描写，除了山水之外，
也有一些与田园风光以及劳作相关的部分，上一节中提到
的以俗为雅的题材中的田园部分，便是对这一情况的介绍。
然而，哪怕苏轼迫于贬谪无钱、缺乏维生之资的压力而亲自
耕作，他耕作的时间较之他为官的时间来说，仍是短暂许多
的。因此，纵然苏轼也在躬耕的当下，像陶渊明一样关心田
园风物，但是他的这份关心，同渊明相比，同他自己对山水
的沉浸相比，是浅淡许多的。所以，下文我们便引苏轼的山
水诗为分析的对象。

　　苏轼自来是一个豪气峥嵘之人，尽管这份豪气在他被
贬之际，有所收敛，甚至最终还转化为以绚烂之极为内里
的平淡，但是从未消失，苏轼在结束儋州之贬、渡海北归之
际写下的"九死南荒吾不恨，兹游奇绝冠平生"[1]这一联气
象壮阔的句子，便可为证。负此豪气的苏轼，又有开阔的
眼界，渊博的学识，合此三者，与变化万端的自然风物相与

---

① 〔宋〕苏轼著：《六月二十日夜渡海》，第 2367 页。

会遇，必然会产生妙绝天下的诗句。下面，我们便以苏轼的《有美堂暴雨》与《百步洪》为例，来一看苏轼的写景状物之妙。

游人脚底一声雷，满座顽云拨不开。

天外黑风吹海立，浙东飞雨过江来。

十分潋滟金樽凸，千杖敲铿羯鼓催。

唤起谪仙泉洒面，倒倾鲛室泻琼瑰。

——《有美堂暴雨》

长洪斗落生跳波，轻舟南下如投梭。

水师绝叫凫雁起，乱石一线争磋磨。

有如兔走鹰隼落，骏马下注千丈坡。

断弦离柱箭脱手，飞电过隙珠翻荷。

四山眩转风掠耳，但见流沫生千涡。

险中得乐虽一快，何异水伯夸秋河。

我生乘化日夜逝，坐觉一念逾新罗。

纷纷争夺醉梦里，岂信荆棘埋铜驼。

觉来俯仰失千劫，回视此水殊委蛇。

君看岸边苍石上，古来篙眼如蜂窠。

但应此心无所住，造物虽驶如吾何。

回船上马各归去，多言哓哓师所呵。

——《百步洪二首其一》

诗题《有美堂暴雨》告诉我们，苏轼此诗写的是他在一个名为有美堂的地方经历的一场暴雨。诗歌从惊雷与乌云写起，这是暴雨的前奏与先导。接着是黑色的天风，其势甚大，其力甚巨，因此能够将海水（实际为江水）吹得踊立起来，这被风吹立的海水，浩浩荡荡地扑卷而来，仿佛大海也随着立起来了一般。在解读该联时，过往的评论家，一般会指出苏轼的"吹海立"的措辞，是化自杜甫《朝献太清宫赋》中的"九天之云下垂，四海之水皆立"，并且点明"立"字状写水的踊起之态的绝妙之处。事实上，在"立"这一将踊起的海水拟人化的动词之外，表示颜色的"黑"字也用得颇为巧妙，它一方面呼应了第一联中写到的"满座顽云拨不开"的情境，另一方面亦生动地呈现出风吹水立这一浑浩壮阔的景象，给包括诗人在内的观者带去巨大的视觉冲击。然而，苏轼并不满足于视觉层面的描写，他在将因风雨相激而汹涌的江水比喻为溢出酒樽的酒液之外，就转到对暴雨之声的书写上。苏轼是用鼓杖击打羯鼓的节奏与声音，来比喻暴雨之声的急骤的，这一比喻反用了《羯鼓录》原文中将鼓声比为雨点的措辞。最末两句则以苏轼对写诗原因的交代作结。

《百步洪》一诗，可大致分为两部分，第一部分（前六联）主要是对水流迅驶的险快之乐的呈现，第二部分则叙写了苏轼因为眼前的景色而引发的关于人在流逝的时间面前应当如何安放自己的内心的问题的思考。因为本节探讨的是"真景物"问题，因此，我们只探讨诗歌的前半部分。第一至第四句，苏轼主要运用了白描的手法，分别从水波的垂落、轻舟的行驶状貌、水师的反应以及水流的经行环境四个方面，多维地呈现了百步洪的险峻。第五到第八句，苏轼连用了七个比喻来描写水流的迅疾状态。这七个比喻分别为：兔子奔走，鹰隼降落，骏马下峻坂，突然崩断的离开琴柱的琴弦，被脱手发射出去的箭矢，稍纵即逝的闪电，以及被荷叶翻落的水珠。如前，苏轼用以形容水之急流的比喻，除了"骏马下注千丈坡"是一句一喻外，余下三个诗句均是一句并用两个比喻，且并在一处的两个比喻的关系又各个不同。具体而言，"兔走鹰隼落"是动态的顺承因果关系，"断弦离柱箭脱手"是因为弦与箭的"离"与"脱"的动作与节奏的一致性而建立起比喻关系，至于"飞电过隙珠翻荷"则与"兔走鹰隼落"一样，亦是动态因果关系，不过依旧有所区别，"飞电"句是先写原因再写结果，"兔走"句则是先写结果后写原因。通过这些关系各异的连续性比喻，苏轼给我们制造了一种感官上的眩晕效果，将我们带入了急速奔流的百步洪现场，当彼之时，我们的心神所能感受到的只是不断旋转的山峦，耳朵所能听见的只是隆隆的风声，眼睛所能见到的只是流动的水沫炮制出来的漩涡。对于苏轼呈现在《百步洪》诗中的高超语言再现能力，纪昀以"语皆奇逸，亦有滩起涡旋之势"①的措辞，给出了精辟的评价。

　　通过前面的分析可知，身负豪气又博学多才的苏轼，能够灵活使用拟人、比喻、白描与引用等各种修辞手法，能够自由役使经史子集中的各种典故，以此来穷尽他所曾遇见的山水清景的诸般妙处。苏轼这种奇逸豪健、多言尽相的诗风，有别于渊明冲淡自然式的遣词造句风格。然而，变化的政治际遇与生活境况，引苏轼不断靠近陶渊明。到了贬谪惠州与儋州之间，苏轼在阅读陶诗、深思陶味、追和陶作的过程中，转变了自己的诗学风格。这一转变体现在风景书写方面的形态为，苏轼不再像《有美堂暴雨》或《百步洪》诗中那样，用或峥嵘奇崛的比喻，或繁密精深的典故，来表现他所见到的风景。转而，苏轼在写景状物时，多喜浅语、实语，多用白描手法，以此来追求一种言少意多的朴厚效果。下面，让我们透过苏轼"和陶诗"中的一些风景描写片段，来直观地感受一下他的诗风转变轨迹：

> 环州多白水，际海皆苍山。
> ——《和陶归园田居六首其一》
> 江鸥渐驯集，蜓叟已还往。
> 南池绿钱生，北岭紫笋长。

---

① 〔宋〕苏轼著：《百步洪二首其一》，第 892 页。

提壶岂解饮，好语时见广。

春江有佳句，我醉堕渺莽。

——《和陶归园田居六首其二》

新浴觉身轻，新沐感发稀。

风乎悬瀑下，却行咏而归。

仰观江摇山，俯见月在衣。

步从父老语，有约吾敢违。

——《和陶归园田居六首其三》

江山互隐见，出没为我役。

——《和陶归园田居六首其六》

黄花与我期，草中实后凋。

香余白露干，色映青松高。

——《和陶己酉岁九月九日》

惊鹊再三起，树端已微明。

白露净原野，始觉丘陵平。

暗蛩方夜绩，孤萤亦宵征。

——《和陶赴假江陵夜行》

飓作海浑，天水溟濛。

云屯九河，雪立三江。

——《和陶停云四首》

斜日照孤隙，始知空有尘。

微风动众窍，谁信我忘身。

——《和陶杂诗十一首》

披衣起视夜，海阔河汉永。

西窗半明月，散乱梧楸影。

——《和陶杂诗十一首》

临池作虚堂，雨急瓦声新。

——《癸卯岁始春怀古田舍二首》

乔木卷苍藤，浩浩崩云积。

谢家堂前燕，对语悲宿昔。

仰看桄榔树，玄鹤舞长翮。

——《和陶使都经钱溪游城北谢氏废园作》

竹屋从低深，山窗自明疏。

——《和陶和刘柴桑》

春江绿未波，人卧船自流。

我本无所适，泛泛随鸣鸥。

——《和陶游斜川》

悠悠含山日，炯炯留清晖。

——《和陶王抚军座送客》

今日复何日，高槐布初阴。

良辰非虚名，清和盈我襟。

——《和陶郭主簿二首》

　　若隐去诗人姓名,而将如上这些摘引自和陶诗中的风景书写片段,同《百步洪》之类诗作并置在一起,那么,恐怕对苏诗不熟悉的读者朋友们,很难想象到如前两类诗作都是出自苏轼之手。于此假设中,可以看出,苏轼以陶渊明为镜鉴而进行的自我诗风革新的成功。当然,亦有一以贯之的可贯穿追和陶诗前后的苏诗之特色,这一特色用苏轼的话说便是"绚烂",不过在和陶之前是未至平淡的绚烂,在和陶之后则是绚烂之极的平淡。从《有美堂暴雨》诗中的"游人脚底一声雷,满座顽云拨不开。天外黑风吹海立,浙东飞雨过江来"到《和陶停云四首》中的"飔作海浑,天水溟濛。云屯九河,雪立三江"的发展,便是这一由绚烂到绚烂之极的平淡的转化的例证。而无论是未曾取法渊明之时的峥嵘豪放,还是取法渊明之后的平淡自然,写景状物之际的苏轼,都是极为快意真诚的,且都能如物所是地将之呈现给读者。在这点上,苏轼与陶渊明一样,所写之景都能实现"语语如在目前"的效果。尽管如此,仔细对读陶诗与和陶诗之后会发现,陶渊明对于田园的沉浸是高于苏轼对风景的投入的,而这大概与宋人偏爱思考的习性有关。

四、情感

　　上文,我们借助王国维的境界说,探讨了苏轼借由追和陶诗的方式而与陶渊明所进行的事关景物书写方面的对话。下文,将继续以王国维的境界说为探讨框架,来考察苏轼与陶渊明在情感书写方面的对话。王国维认为,能写真感情者,谓之有境界的一种,"沁人心脾"则是判断作者所写的感情是否为真感情的标准,而"所见者真,所知者深"①则是诗人能否写出真感情的前提条件。不过,作为读者的我们,只能从诗人留下的文字当中去感受他们知与见的程度深浅,而不能直接走进他们知与见的当下,因此,在下面的讨论中,我们只作"真感情"的表现与效果两个层面的探讨。

关于陶渊明,历代研究者在对他进行评价时,会频繁使用"真"这一字眼。《晋书·陶潜传》对陶渊明的个性所做的描述是:"颖脱不群,任真自得。"评论家锺嵘在他的《诗品》当中,则以"笃意真古"四字,概括了陶渊明诗文的总体旨趣与风味。《陶渊明集》的编撰者萧统则以"论怀抱则旷而且真"的措辞,点明了陶渊明流露在他的诗文当中的一派超然与坦诚的襟怀。作为陶渊明最富影响力的接受者的苏轼,则以"陶渊明欲仕则仕,不以求之为嫌;欲隐则隐,不以去之为高;饥则扣门而乞食,饱则鸡黍以延客,古今贤之,贵其真也"②的表达,或"渊明独清真,谈笑得此生"的

---

① 施议对译注:《人间词话译注》,长沙:岳麓书社,2003 年,第 94 页。

② 曾枣庄著:《三苏文艺思想·书李简夫诗集后》,成都:四川文艺出版社,1985 年,第 217 页。

断语,高度肯定了陶渊明的清真之性。到了朱光潜那儿,甚至以"'真'字是渊明的唯一恰当的评语"[①]这一充满决断的表述,而将"真"视为陶渊明整体个性的统摄。

若将如前征引的四位研究者的评论加以分类,可归为三种:第一种是说,陶渊明诗文风格与意蕴的古朴真淳,锺嵘的评价便是此义;第二种是说,陶渊明表露在他的诗文当中的心绪或情感的真诚与超然,萧统的总结即是此义;第三种是说,陶渊明为人、行事与个性的洒脱不伪、肝胆澄明,苏轼与朱光潜等人的评论便属此类。这三类评论,虽在强调侧重上有所区别,但却是互为表里的关系:只有在为人行事上坦荡真诚,才能在行文之际修辞立诚,进而才能使其作品流露出自然清真的意趣。对此,朱光潜看得透彻,他指出:"大诗人先在生活中把自己的人格涵养成一首完美的诗,充实而有光辉,写下来的诗是人格的焕发。陶渊明是这个原则的一个典型的例证。"[②]

因此,尽管我们在本节所探讨的是真感情的书写问题,但为了更好地对之进行考察,也须对陶渊明的为人与个性做出必要的说明。事实上,经过第一章的论述之后,我们大略能够把握到渊明是一个闲洁兀傲、任真适意又温暖平易的人。但是旁人的评说,比之作者的自述,总是隔了一层,

---

① 朱光潜著:《诗论》,长沙:岳麓书社,2010 年,第 250 页。

② 朱光潜著:《诗论》,长沙:岳麓书社,2010 年,第 231 页。

且渊明恰好写有一些与己相关的作品。那么，我们且通过被陶渊明的同代之人视为陶渊明之实录的《五柳先生传》，以及渊明在他临终之前写下的带有总结性质的《自祭文》两篇文章，来看看他的为人如何。兹将原文相关部分征引如下：

> 闲靖（或为静）少言，不慕荣利。好读书，不求甚解。每有会意，便欣然忘食。性嗜酒，家贫不能常得。亲旧知其如此，或置酒而招之。造饮辄尽，期在必醉。既醉而退，曾不吝情去留。环堵萧然，不蔽风日。短褐穿结，箪瓢屡空，晏如也。常著文章自娱，颇示己志。忘怀得失，以此自终。
>
> 赞曰：黔娄之妻有言："不戚戚于贫贱，不汲汲于富贵。"其言兹若人之俦乎？酣觞赋诗，以乐其志。无怀氏之民欤？葛天氏之民欤？
>
> ——《五柳先生传》
>
> 自余为人，逢运之贫。箪瓢屡罄，绨绤冬陈。含欢谷汲，行歌负薪。翳翳柴门，事我宵晨。春秋代谢，有务中园。载耘载耔，乃育乃繁。欣以素牍，和以七弦。冬曝其日，夏濯其泉。勤靡余劳，心有常闲。乐天委分，以至百年。
>
> ——《自祭文》

　　综合如前两处引文可知,陶渊明是一个闲静少言、不慕荣利之人,经常会陷入屋破、缺衣、少食、乏酒的物质困境里,以读书、赋诗、弹琴、饮酒为爱好,平素辛勤躬耕并且享受劳作之余的闲暇,乐从天意、随顺命运,有着十分洒脱超然的心境。尽管如此,在面对着耕植不足以自给的饥寒境况时,在敏锐地捕捉到岁序的变迁与年命的逝去时,在遭遇周围之人以己度人的议论时,渊明的内心并非毫无波澜的一味平和,而是会孤寂,会悲愤,并且会将他真实的内心感受坦诚地发露在他的诗文中。对此,苏轼看得分明,并以精炼的语言将之表达出来,其文为:"当欢有余乐,在戚亦颓然。"[1] 正如苏轼所言那般,陶渊明在遇见值得开心的事情时,比如暮春出游、与朋友一起在树下饮酒、在农闲的孟夏于家中读书、在寒冷的冬天晒太阳或是听到当年将有个好收成等等,总是十分欢喜。在物质困穷、行役劳顿、乏酒缺食、年岁谢去、志不获骋乃至亲人逝去之际,陶渊明又会颓然悲戚。事实上,只要稍微通览一下陶集就会发现,陶渊明流露在他诗文中的苦涩情绪,是大大超过他的欢喜心情的。他的诗歌中常常充满了不同意见之间的对抗以及不同力量之间的角逐。让我们聊以《己酉岁九月九日》一诗为例,来具体看看陶渊明表露在他的诗作中的力的角逐,原诗如下:

---

[1] 〔宋〕苏轼著:《和陶怨诗示庞邓》,第 2271 页。

靡靡秋已夕，凄凄风露交。

蔓草不复荣，园木空自凋。

清气澄余滓，杳然天界高。

哀蝉无留响，丛雁鸣云霄。

万化相寻绎，人生岂不劳。

从古皆有没，念之中心焦。

何以称我情，浊酒且自陶。

千载非所知，聊以永今朝。

在这首诗中，陶渊明先是花费了大量笔墨来描写凄凉凋败的秋日景象，接着便由自然的秋日联想到人生的徒然、自古以来就有的死亡以及因此引发的内心焦灼。然而渊明并没有任由焦灼继续蔓延，而是乍然清醒，并迅速将投向远方的目光汇聚到当下，饮酒自乐。这种由绵延的悲戚向着饮酒自乐的突转，颇有一种挽狂澜于既倒的气势，若要真正行到实处，而非为应文需而强作豁达，那么便是极为耗费心力的。揆之以渊明的实际来看，可知，他之所言正是他所切行。而借由这一突转的文势，我们一方面能够深刻地感受到陶渊明固守志节的不易，另一方面也能够对迭经变故与考验却依旧坚守自己选择的渊明致以更多的理解与敬意。

当然，存在于渊明诗文中的力的对抗与突转，并非只有《己酉岁九月九日》这种先是蔓延的悲戚再是猝短的达观的类型,在此之外,还有《和郭主簿二首其二》之类先是绵延的欢喜再是乍然的惆怅的类型,甚至有时候只是纯然的欢喜如《读山海经十三首其一》之类,或是彻底的悲愁如《于王抚军座送客》之类。一般而言,渊明初归田园、衣食充足、有酒可饮、有景可赏、有书可读、有琴可抚、良友在侧时,他诗中呈现出的力的对抗就比较少;但是若处在缺衣、少食、乏酒、多病等情形下,渊明诗文中呈现出的悲喜之力的对抗就比较剧烈,悲至于极的时候,甚至还发出了"人生实难,死如之何"①之类充满苦涩味道的感叹。这么一看,似乎渊明与那些随境而转其悲喜的俗人并没有什么区别。但是,只要想一想,渊明诗中的苦涩是他不与世俗同流合污的坚持自己的结果,那么,他随境而转的悲喜,便有了区别于毫无选择的昏昧俗子的悲喜的意味。而哪怕坚守自己需要尝味如此之多的苦涩,但是,渊明在做出决断之后,再也没有改易过自己的初衷。陶渊明在他的诗文中一方面如实呈现自己贫富交战的挣扎,另一方面又牢牢固守自己初心的做法,是极为真诚无伪的,仿佛他所面对的不是纸笔,更不是通过他留存下来的笔墨而将际遇的与他同时或是在他身后的许多人,而仅仅是他自己,或者是与他极为亲近的知音,所以他肝胆澄明,言无不尽。通过这样的坦诚,陶渊明一方面可以

---

① 陈庆元、邵长满编选:《陶渊明集·自祭文》,南京:凤凰出版社,2010年,第 318 页。

给高蹈不情的隐士生活增添一个人间的维度,另一方面又能够让读者清楚地了解到固穷归隐的收获与代价。

如果说,陶渊明呈现在他诗文中的感情,是以他的整个生活为基础,且以一种如与他本人进行对话的坦诚加以实录式表达,因而显得倍为真切感人的话,那么,以陶渊明自托的晚年苏轼,发抒在他诗作中的情感,也是以他的整个生活为依托的,也有着极为沁人心脾的效果。但是,鉴于苏轼的迁客身份,以及他享誉整个北宋帝国的文名,他所要面对的问题,以及他在写诗作文时的身心状态,必然与陶渊明不同。前文已经提及,如何维持生计与安顿心灵,是被贬谪的苏轼需要解决的两大问题。维持生计的策略,自然是采买田地,营造居室,亲自躬耕。在这个过程中,苏轼切实感受到了作物生长的欣然,有望饱食的喜悦,以及食物之于天下之士的生命之维系的重要意义。《东坡八首》以及《和陶乞食》等诗,便是对此中内容的呈现。不过,尽管苏轼有过极为艰窘的缺乏衣食的经历,但是他并不因此变得苦涩甚至焦虑,反而以饱为足、以菜食为足、以至味为足,"芋魁倘可饱,无肉亦奚伤"[1] "一饱便终日,高眠忘百须"[2] "至味久不坏,可为子孙贻"[3] 等诗句,便是苏轼心足于饱,甚至转由物

----

① 〔宋〕苏轼著:《拟古九首其四》,第 2262 页。
② 〔宋〕苏轼著:《和陶和刘柴桑》,第 2311 页。
③ 〔宋〕苏轼著:《和陶乞食》,第 2205 页。

质上的饱而向着精神上的至味升华的表现。

与在生计问题上的以饱为足相应的是，苏轼在精神上的以"适"为欢。"适"即舒服，在苏轼的和陶诗中，有两处包含"适"字此义的诗句，分别为："禽鱼岂知道，我适物自闲"①与"心闲手自适，寄此无穷音"②。两处"适"字，又都与"闲"字搭配，虽然这两个字的位次有先后之别，所匹配的对象也不相同，但是从"闲"与"适"的位置递变中，又可推知它们的互为因果关系。因为自己觉得舒适了，所以才能感知到万物的悠闲从容；因为自己有闲情，所以才能举体舒泰。而一旦一个人拥有闲适之心，便能触目皆为可观，因此能够抵达"乐事满余龄"③的生命境态。然而，需要注意的是，苏轼之所以能够得到这一份闲适的理由，在于他的官职的被罢免以及他的政治理想的被悬置，这样的罢免与悬置，对于怀有济世救民之抱负的苏轼来说，并不是什么好事。按照常理来说，苏轼应该像他之前的迁客骚人一样，充满怨艾之情绪。但是，当我们翻阅他晚年创作的和陶诗以及其他诗作时，会发现其中充满了决然的满足感。哪怕他与陶渊明一样陷入缺食乏酒的贫居境地中，他也不会让他的诗行充满力的对抗，反而只是浅浅感叹，轻轻放过。让

---

① 〔宋〕苏轼著：《和陶归园田居六首其一》，第 2104 页。
② 〔宋〕苏轼著：《和陶贫士七首其三》，第 2138 页。
③ 〔宋〕苏轼著：《和陶九日闲居》，第 2260 页。

我们以苏轼的《和陶贫士九首其五》诗为例,来感受一下处于困境之下的苏轼哪怕因其际遇而感叹,但是并不会让悲郁的情绪占满他的整个心腔的做法。原诗征引如下:

> 芙蓉杂金菊,枝叶长阑干。
> 遥怜退朝人,糕酒出太官。
> 岂知江海上,落英亦可餐。
> 典衣作重九,徂岁惨将寒。
> 无衣粟我肤,无酒酡我颜。
> 贫居真可叹,二事长相关。

在这首诗中,苏轼先是点出时令,接着对比了在朝之人与江海之士的不同过节场景,继而将笔锋转向自己典当衣服以过节的境况,最后又以淡淡的感叹作结。若就处境来看,衣食渐窘的苏轼可谓生计艰难,他也以直白的语言写出了他的艰难,但是他在叙写"无衣粟我肤,无酒酡我颜"这两件与贫居相关的事情时,比之陶渊明的"夏日长抱饥,寒夜无被眠。造夕思鸡鸣,及晨愿乌迁。在己何怨天,离忧凄目前"[1]的表达,实在是轻快太多了。这一方面或是因为苏轼还只是处在"衣食渐窘"的境地中,"渐"字说明苏轼所

---

[1] 陈庆元、邵长满编选:《陶渊明集·怨诗楚调示庞主簿邓治中》,南京:凤凰出版社,2010 年,第 60 页。

经历的困难还处在渐进的趋势中，未至于极，未如陶渊明那么困难。另一方面，也与苏轼的豁然心境有关。事实上，单就困境的程度深浅来说，苏轼在白发苍颜之际再次骤然从庙堂跌向民间，当彼之时，不说再次起复了，便是生还北归的希望也是极为渺茫的，他在那时的处境比起已在家山的陶渊明来说，是更其艰难的。但是苏轼除了做如前"典衣作重九，徂岁惨将寒。无衣粟我肤，无酒瀽我颜"之类感叹外，并未有更深程度的悲怨的流露。苏轼是通过视角的转换，来将他稍稍流露出的悲怨收刹住的。在"无衣粟我肤，无酒瀽我颜"一联里，苏轼采用的是亲历缺衣乏酒的诗人本身的视角，而在"贫居真可叹，二事长相关"两句诗中，苏轼却像是站在旁观者的角度在做总结一般，借由这一重旁观的距离，苏轼就将才刚发露的困愁收刹住了。

为何晚年的苏轼明明处在极其恶劣的境况下，但他却不像陶渊明一样"在戚亦颓然"，反而令他的和陶诗等作品充溢着一派从容舒徐的闲适呢？原因主要有如下两个。第一，这是苏轼为了克服谪居的种种困境而进行"自我说服的结果"[1]。被贬谪地并且"寄食无定迹"[2]的苏轼，尽管偶尔有朋友的照顾，儿子的陪伴，但总体上是处在一种渐老渐

---

[1] 杨治宜著：《"自然"之辩：苏轼的有限与不朽》，北京：生活·读书·新知三联书店，2018年，第192页。

[2] 〔宋〕苏轼著：《和陶饮酒二十首其十五》，第1889页。

失的日渐窘迫与可悲的境地中的。为了不被困境打败，苏轼就借由尚友古人、追和陶诗的方式，努力地以心灵的强健来对抗环境的压迫。这和陶渊明那种将悲愁的包袱抛给文字，然后继续坚持自己的初心的做法是不同的。虽然如此，但是苏陶二人借由写诗为文的方式，却达到了一致的宽和内心的效果。第二个原因在于，苏轼打算借此，向对他发出贬谪之政令的当朝宰执，表达自己的骄傲与不满。正如杨治宜指出的那样，苏轼对"自己的当代影响力"[1]是有着极为清楚的认知的，他知道自己写下的诗歌，将会传送到他的庙堂读者那里，因此，他流露在诗中的从容，一方面意味着苏轼对自己所为所行的问心无愧，另一方面则暗示了当朝宰执对他施行的惩罚是缺乏根据的。除了如前提及的两个原因之外，苏轼自身豁达乐观的天性，兼采儒释道各家思想以作己用的做法，等等，也是困处谪境的苏轼，会写出从容闲适的和陶诗的理由所在。

　　那么，苏轼这种有意避免流露穷愁的做法，是否意味着他流露在诗中的感情不够真诚呢？并非如此。虽然苏轼确实因为安顿性命的需要，而有意在他的诗中淡化悲情的浓度，并更多呈现他的闲适，但是经他心灵择选之后的情感，同样具有感动人心的力量。另外，作意达观的苏轼，在某些

---

　　[1]　杨治宜著：《"自然"之辩：苏轼的有限与不朽》，北京：生活·读书·新知三联书店，2018 年，第 215 页。

时候，依旧会流露出极为浓郁的伤情，为悼念朝云而写的《和陶和胡西曹示顾贼曹》一诗，尤其是结尾处的"老人不解饮，短句余清悲"两句，可谓凄婉至极。而这一偶然泄露的伤情，短暂地打破了苏轼努力营建起来的闲适与乐观，暴露了他某一时刻的绝望与无力，而这正是苏轼更为完整的真实，具有极为动人的力量。

五、结构

若单就苏轼的和陶诗与陶渊明的诗作进行泛泛的对读的话，会得出这样一个结论：苏轼和陶诗的句间或联间衔接，在总体上，不如陶渊明原诗那么自然流畅。

但是，如果进一步细读的话，就会发现，看似衔接流畅、过渡自然的陶诗，实际上暗藏着结构上的微妙设计，对此，清代学者邱嘉穗在评价陶渊明的《庚戌岁九月中于西田获早稻》时，有过极为明白的表达："陶公诗多转势，或数句一转，或一句一转，所以为佳。余最爱'田家岂不苦'四句，逐句作转。其他推类求之，靡篇不有。此萧统所谓'抑扬爽朗，莫之于京'也。"[①] 而乍看之下，有时显得颇为跳跃的苏轼的和陶诗的结构，较之他的往日诗作来看，也表现出

---

① 陈庆元、邵长满编选:《陶渊明集》，南京：凤凰出版社，2010 年，第124 页。

了"更为快利圆转，生动流走"①的特点，于此可见，苏轼对陶渊明诗学风格的取法与借力的成功。下文，让我们以一些具体的诗歌为例，来看看陶渊明与苏轼在结构诗歌时所施展出来的精妙用心，以及二人就诗歌结构层面所展开的对话。

先以邱嘉穗提及的《庚戌岁九月中于西田获早稻》一诗为例，来看看陶渊明在诗作中对转势的运用，原诗征引如下：

> 人生归有道，衣食固其端。1—2
> 孰是都不营，而以求自安。3—4
> 开春理常业，岁功聊可观。5—6
> 晨出肆微勤，日入负未还。7—8
> 山中饶霜露，风气亦先寒。9—10
> 田家岂不苦，弗获辞此难。11—12
> 四体诚乃疲，庶无异患干。13—14
> 盥濯息檐下，斗酒散襟颜。15—16
> 遥遥沮溺心，千载乃相关。17—18
> 但愿长如此，躬耕非所叹。19—20

这首诗的前四句，开宗明义地点明了衣食是维系人生的根本、是获得心安的条件这一道理。第五到第十句，则转

---

① 王水照著：《王水照自选集》，上海：上海教育出版社，2000 年，第 298 页。

入从朝到暮、从春到秋的具体的劳作细节与时间变化的书写。十一句,写的是劳作的辛苦;十二句则点明唯有劳作才能有所收获的道理;十三句再次回归劳作给身体带来的疲惫;十四句又转向劳作可以避免难测的艰险这一好处。这四句,正如邱嘉穗所说那般,是"逐句作转",反复抑扬,虽语言平淡,道理平实,但在诗意上却有一种平地起波澜的转折的精妙之感。当然如果不仔细吟味的话,是很容易轻轻放过陶诗中这一充满转势的特点的。十五与十六句,写的是劳作之余安心休息、自如饮酒的快乐。十七与十八句,则将视角从眼前转向往古,让自己与同样从事躬耕的古人长沮、桀溺关联起来。第十九与二十句,则以提纲挈领的方式,表达了诗人愿意长久地维持这般虽躬耕却心安的生活的心愿,同开头形成呼应。

尽管陶渊明的诗歌结构内部蕴含着诸多细密微妙的转折,但是这并不会令他的诗意变得晦涩费解,令读者难以把握。之所以如此,有如下三个原因,其一是陶渊明在诗中使用的是极为寻常平易的语言,其二是他少用典故或者使用常见的典故,其三是陶渊明的"句法、节奏接近于日常口语,没有人为地颠倒正常语序,结句清通而又顺畅"[①]。关于第一、二点,上文已有详细展开,至于第三点,学者戴建业已

---

① 戴建业著:《澄明之境:陶渊明新论》,武汉:华中师范大学出版社,1998年,第 274 页。

有非常深入细致的论证，故在此，只略作交代。

　　下面，让我们看看发生在苏轼诗歌结构方面的一些变化，在他追和陶诗前后，尤其是在苏轼被贬惠州、儋州前后的变化[①]。在追和陶诗之前，苏轼的主要诗歌风格为豪健清雄，其英玮绝世处有李、杜之风，奇崛险怪处则类乎韩愈，总体上呈现出一种想象奔逸、典用古今、浩荡雄放、随意跳跃的特点。这一特点用苏轼自己的话来形容就是"如万斛泉源，不择地而出。在平地滔滔汩汩，虽一日千里无难；及其与山石曲折，随物赋形，而不可知也。所可知者，常行于所当行，常止于不可不止，如是而已矣。"[②]因为苏轼这一"不择地而出"的"随物赋形"的写作状态，导致他的诗歌内部呈现出极强的跳跃性。让我们透过《欧阳少师令赋所蓄石屏》这首充满想象力的诗作，来感受一下苏诗在字句流转间的腾挪跳跃之态，原诗如下：

何人遗公石屏风，　　　　　　　　　　1

　　① 按照王水照先生对苏轼创作发展阶段的研究来看，将苏轼的诗歌分为任职期与贬谪期来加以研究，会更为合适。但是因为在此处首要探讨的是苏轼在作意学陶之后，发生在他诗歌风格上的变化，所以我们就以苏轼追和陶诗的行为为分期的标准。

　　② 曾枣庄选释：《三苏文艺思想》，成都：四川文艺出版社，1985 年，第 163 页。该条注释援引的内容，苏轼原本是用来形容他的文章的，但是移以形容他的诗歌，亦极为恰切。

上有水墨希微踪。　　　　　　　2

不画长林与巨植，　　　　　　　3

独画峨嵋山西雪岭上万岁不老之孤松。　4

崖崩涧绝可望不可到，　　　　　5

孤烟落日相溟濛。　　　　　　　6

含风偃蹇得真态，　　　　　　　7

刻画始信天有工。　　　　　　　8

我恐毕宏韦偃死葬虢山下，　　　9

骨可朽烂心难穷。　　　　　　　10

神机巧思无所发，　　　　　　　11

化为烟霏沦石中。　　　　　　　12

古来画师非俗士，　　　　　　　13

摹写物像略与诗人同。　　　　　14

愿公作诗慰不遇，　　　　　　　15

无使二子含愤泣幽宫。　　　　　16

　　诗歌从追问欧阳修蓄藏的石屏风的来源写起，但是苏轼并不奢求也不等待回复，而是将视线迅速转向石屏风中的隐约不明的水墨上，此处属于总括式描写。第三句，则进一步深入画面细节，不过，苏轼并没有直言所见，反而先言他物，以此打断连贯的叙事节奏，制造出一种延宕感，引发读者迫切的期待。然后才特别体贴地抛出"独画峨嵋山西

雪岭上万岁不老之孤松"这绵密连贯的十六字，来一股脑儿
地点出屏风中所画为何物。"独"字是对孤松的强调，强调
的点在于这是一棵长在"峨嵋山西雪岭上"的万岁不老之
孤松，也就是说这棵松树的生长地点是人迹难至的，且年岁
久远，还样貌不老。第五到第六句，则是对第四句提及的地
点与"孤"字的进一步发挥，因为这棵松树生长在"峨嵋山
西雪岭上"的崖崩绝涧之中，所以"可望不可到"，因此能
与它作伴的只有孤烟落日。第七句则将笔墨对准松树的姿
态本身，突出的是它在风中夭矫屈曲的形态。到此，苏轼忽
然打住关于孤松的描写，而将笔墨转向孤松的刻画者。第
九到第十二句，苏轼借用奔逸的想象，将孤松的刻画者关联
到唐代两位擅长画松的画家毕宏、韦偃身上，认为石屏风上
的孤松是葬于虢山脚下的两位画家的精魂巧思所化。事实
上，毕宏、韦偃并不葬于虢山，屏风上的孤松更不可能出自
他们之手。苏轼在此，不过是"借事生波"，但是因为他"纯
以意运，不是纤巧字句关合，故不失大方"①。第十三到第十
六句，苏轼又从他所想象的毕宏、韦偃的虽死而画兴未尽的
情形，转向画家与诗人在摹写物象层面的相通之处，进而结
到诗人当作诗以此来慰藉画家的忧愤部分，由此实现了一
个将无作有又由有返无的转换相生的循环。

---

① 〔宋〕苏轼著，〔清〕王文诰辑注，孔凡礼点校：《苏轼诗集》，北京：中华
书局，第 278 页。

通过如前分析，我们发现苏轼的《欧阳少师令赋所蓄石屏》一诗，叙写了石屏风上的孤松、孤松的刻画者以及诗人当写诗以慰藉画师的不遇三个话题。第一个话题与第二个话题之间的转换，虽然令人倍感苏轼想象的奇特，但尚算有迹可循，因为既然孤松孤绝人难及，那么刻画者只能是长于画松的天工了，由此关联到唐代的毕宏、韦偃这两位画松高手那儿，在诗意的衔接上是水到渠成的。但是，在第二个话题转向第三个话题时，苏轼却一举脱却与石屏风直接或间接相关的话题，而直接在他生发的想象上再翻诗意，以虚为实，实而慰虚。此处的转势，有如从云中跳向山石一般，大大出乎人们的意料。于此，可以窥见存在于苏轼诗歌结构内部的跳跃性之一斑。苏轼在追和陶诗之前的诗作，尤其是七古，一般都如《欧阳少师令赋所蓄石屏》诗般，在结构上极为跳跃。当然，哪怕同是苏轼所写，水平也有高低，写得好的，均给人一种纵横开阖、豪放奇逸的感觉；写得不好的，则不免令人如坠云雾，不解其意。

在刻意学陶之后，苏轼的诗歌结构，在一定程度上收敛了他纵横开阖的跳跃性。让我们以苏轼作于海南儋州的《和陶郭主簿二首其一》为例，来看看他变得更为自然圆转的诗歌结构，原诗如下：

今日复何日，高槐布初阴。　　1—2

良辰非虚名，清和盈我襟。　　　3—4

孺子卷书坐，诵诗如鼓琴。　　　5—6

却去四十年，玉颜如汝今。　　　7—8

闭户未尝出，出为邻里钦。　　　9—10

家世事酌古，百史手自斟。　　　11—12

当年二老人，喜我作此音。　　　13—14

淮德入我梦，角羁未胜簪。　　　15—16

孺子笑问我，君何念之深。　　　17—18

　　这首诗的写作缘起为，在清明节这天，苏轼听到他的小儿子苏过在诵读诗书，声节闲美，这让他想起了少时的自己，也想起了自己在远方的孙子。诗歌的前四句是对清明节的书写，一则写植物槐树布阴的情景，一则写节气带给诗人的清和之感。五六句写的是苏过诵书的动作与声音的质感。七八句，则从眼前的场景转向四十年前的自己。第九到第十四句，则是对七八句的进一步展开，具体呈现了四十年前的诗人自己在家、出外、酌古斟史的学习情况以及家中父母对自己的表现感到欢喜等情形。第十五到第十六句，诗人转对过去的回忆为对孙子的思念。第十七到十八句，又借由孙子的笑问，转为对过往的追念。于此视角的迁转中，我们依旧能够感受到苏轼诗歌结构的跳跃性，但是较之《欧阳少师令赋所蓄石屏》等诗来说，写于苏轼晚年的和陶诗,在诗意的转折上,就像一块石头跳向另一块与它间隔不远的石头一样,平实了许多。

　　类似《和陶郭主簿二首其一》之类具有自然流转之结构特点的诗作,在和陶诗中还有很多。当然,在苏轼的和陶诗中,也有一些结构极为跳跃的作品,尤其是写于任职扬州期间的和陶饮酒二十首。相应地,在苏轼未曾作意学陶之前,自也有一些结构极为圆转流利的作品。不过,就整体趋势来看,苏轼创作于谪居黄、惠、儋期间的晚年诗作,较之他任职时期的作品来看,在结构上确实是变得更为流畅自然了,而这正是受了陶渊明平淡自然诗风影响的结果。

小结

　　王水照先生认为:"和陶诗中所表现出来的美学趣尚影响了苏东坡岭海时期的整个创作。"[①]这一影响体现在语言、用典、景物书写、情感呈现与结构等诸方面。对此,需要稍加说明的是,苏东坡作为一个有着自觉的诗艺探索精神且有着四十多年创作生命的诗人,他在前所提及的诸多方面的转变,即便没有和陶诗之美学趣尚的影响的话,也可能变得更为成熟。当然,这一转变的实现,也不能否认借由追和陶诗这一路径而进行的诗歌风格的探索,确实起到了影响,

---

　　① 王水照著:《苏轼研究》,石家庄:河北教育出版社,1999 年,第 36 页。

尤其是在题材、用典、境界与结构方面。王水照先生还认为
"苏轼贬居时期的十多年比之任职时期的三十多年，无疑取
得更大的成就"。谢桃坊先生却持相反的观点，他认为"苏
轼岭海时期的诗作最有成就的不是其风格平淡的诗篇，仍
是那些最能表现他艺术个性、最能体现苏诗本色的豪放风
格的诗篇"[①]。这一截然相反的态度首先反映的是研究者审
美趣味的区别，但由此也可以看出，苏东坡在其晚年的诗歌
创作中依旧保有自身的习气。莫砺锋先生在他的《苏轼的
艺术气质与文艺思想》中表达过这样的观点："苏轼的风格
论与创作论都贯穿着一种'通'的精神。"据此，我们认为
苏东坡在其晚年，虽然着力于学陶，在学陶之时却也"颇参
己法"，而苏东坡在他的《初秋寄子由》一诗中所言的"唯
有宿昔心，依然守故处"的深情坚持，或许就是他在变化的
人生境态面前迈步前进却又不失自我的心迹剖白吧？而这
也就是苏东坡之所以为苏东坡的可爱与可贵之处了。

第三节 自娱示志的诗心

马斯洛需求层次理论提出人有包括生理、安全、情感和
归属、尊重以及自我实现五方面的需求。依据这个理论，我
们可以认为，当一个人的基本生命需求（物质）得到满足之

---

① 谢桃坊著《苏轼诗研究》，成都：巴蜀书社，1987年，第140页。

后，相应的就会出现精神层面的需求，对于那些具有创造力的个体来说尤其如此。而无论是为了得到物质层面的满足，还是为了满足精神层面的需求，都是需要表达的，所谓"饥者歌其食，劳者歌其事"①，所谓"太上有立德，其次有立言，其次有立功"。而无论是"歌"还是"言"，在一定意义上，都是诗（或文）的同义词。

那么，诗到底是什么呢？古今中外的众多诗人、理论家以及哲学家对此曾下过众多纷繁不一的定义，各有侧重，各有合理性，实在难以定于一处。为了行文的需要，本书将以《毛诗正义》以及《文心雕龙·明诗》篇中的相关定义为准。《毛诗正义》里对诗的定义是："诗者，志之所之也。"意思就是"诗歌，是对作者志向的表达"。而在《明诗》篇中，刘勰在引大舜的"诗言志"句作为论诗的开篇之后，给出了自己的定义："诗者，持也，持人情性。"说的是"诗歌，就是把持，对人的情感性情的把持"，而之所以会激发出诗，是因为"人禀七情，应物斯感；感物吟志，莫非自然"，因为人天生就有七情，能够在受到刺激后有所感应。受到了感动后，发为吟咏，是很自然的事情。据此，我们可以知道，诗人写诗，首先是为了表达内心所受到的触动，而对内心触动的表达，既可以给自己带来快乐，即使所写的内容是令人悲伤的

---

① 〔汉〕何休解诂，〔唐〕徐彦疏：《春秋公羊传注疏》卷一六，转引自《十三经注疏》，北京：中华书局，1980年，第2287页。

或者愤怒的，但是写诗的过程本身就是一个宣泄的过程；与此同时，写诗的过程还是一个表达心志的过程，写诗是有所寄托的。而就写诗以自娱与写诗以示志两个方面，苏东坡具有非常深刻的个人感受，于此，他很能明白陶渊明的用心，而这一种以自身体验为基础的对陶渊明所展开的理解是非常深刻的，反过来又增多了苏东坡读诗写诗的快乐。

一、著诗以自娱

陶渊明集中，有几处关于赋诗的记录，一是《五柳先生传》中的"常著文章以自娱"，一是《归去来兮辞》中的"登东皋以舒啸，临清流而赋诗"，一是《游斜川》诗前的序言"欣对不足，率尔赋诗"，一是《乞食》中的"情欣新知欢，言咏遂赋诗"，以及《自祭文》中的"捽兀穷庐，酣饮赋诗"。这几次关于赋诗的记录，或是表达安于精神追求的愉悦，或是点明赋诗的场景，或是呈现赋诗的背景，或是点明赋诗的环境，但是有一个共同点，即赋诗（或著文章）是与"自娱"这一目的以及"欣"（欣然快乐）这一情绪状态联系在一起的。需要指出的是，跟在"著文章以自娱"这一文辞前后的分别是"短褐穿结，箪瓢屡空，晏如也"①句以及"忘怀得失，

----

① 陈庆元、邵长满编选：《陶渊明集·五柳先生传》，南京：凤凰出版社，2010年，第286页。

以此自终"①句，由此可以知道，陶渊明"著文章以自娱"的
"自娱"是一种立足精神层面的晏如，是一种"忘怀得失"
的手段。

　　关于作诗可以让人抵达精神上的晏如状态，作诗是可
以让人实现"忘怀得失"的手段这一点上，既是诗人又是读
者的苏东坡，是深有体验的。苏东坡是一个有着非常充沛
之生命力与创造力的人，对他来说，平生最为快意的事情便
是"作文章"，那种"意之所到，则笔力曲折，无不尽意"②
的创作快感，让苏东坡自己承认"世间乐事无逾此者"③。虽
然如此，苏东坡却不得不在遭遇乌台诗案的打击后，对文字
可能带来的某些危险存有忌惮，他忌惮的当然不是自己的
文字，毕竟他只是一个缘事而发、托事以讽的尽职尽责的官
员与诗人而已，然而他害怕那些能够将他的文字加以扭曲，
并且借之而罗织罪名的险恶用心。在谪居黄州的阶段里，
他在写给朋友的信中，屡次表达着自己"文字与诗，皆不复

　　① 陈庆元、邵长满编选：《陶渊明集·五柳先生传》，南京：凤凰出版社，
2010 年，第 286 页。
　　② 曾枣庄选释：《三苏文艺思想》，成都：四川文艺出版社，1985 年，第
165 页。
　　③ 曾枣庄选释：《三苏文艺思想》，成都：四川文艺出版社，1985 年，第
165 页。

作"①"此已焚笔砚,断作诗,故无缘属和"②之类克制创作冲动的努力。虽然尽力克制创作的冲动,却并不止息阅读的乐趣。读诗,尽管无法像作诗一样带给苏东坡最为极致的快乐体验,但却让他的贬谪生涯充满了慰藉。在写给参寥子的两封书信中,他透露了自己读诗的快乐:"见寄数诗及近编诗集,详味,洒然如接清颜听软语也。此已焚笔砚,断作诗,故无缘属和,然时复一开以慰孤疾"③"辱手书,并示近诗,如获一笑之乐,数日慰喜忘味也"④。这两封信分别写于谪居黄州与惠州期间,是苏东坡在生命的困厄之期从读诗这一行为得到安慰与乐趣的证明。而写于儋州的《答刘沔都曹书》中的:"轼平生以文字言语见知于世,亦以取疾于人,得失相补,不如不作之安也……然幼子过文益奇,在海外孤寂无聊,过时出一篇见娱,则为数日喜,寝食有味,以此知文章如金玉,未易鄙弃也。"⑤如前征引,同样是从阅

_____

① 〔宋〕苏轼著,孔凡礼点校:《苏轼文集·与王定国诗四十一首其十一》,北京:中华书局,1986年,第1513页。

② 〔宋〕苏轼著,孔凡礼点校:《苏轼文集·与参寥子二十一首之二》,北京:中华书局,1986年,第1859页。

③ 〔宋〕苏轼著,孔凡礼点校:《苏轼文集·与参寥子二十一首之二》,北京:中华书局,1986年,第1859页。

④ 〔宋〕苏轼著,孔凡礼点校:《苏轼文集·与参寥子二十一首之十七》,北京:中华书局,1986年,第1864页。

⑤ 曾枣庄选释:《三苏文艺思想》,成都:四川文艺出版社,1985年,第138页。

读诗歌中得到欢乐与安慰的体现。

虽然读诗给苏东坡带来了很多乐趣，但是这一乐趣并不能取代写诗的愉悦，故而苏东坡虽然因为顾念前罪而对创作的冲动有所克制，他却并未真正放弃写诗。他只是尽可能地披着谨慎的外衣，但是一旦遇上不可不写处，他依然故我，或者说，是在忘我的创作状态中依然故我地行云流水着。当然，年纪变大而又世事历多的苏东坡，很难再如过去那般锋锐了，为此，他觉得自己的诗笔有退步的趋势。所以，他开始思考他的写作风格，开始有了"追配彭泽"的打算①。这一趋势，在扬州得到发展，并在谪居惠州与儋州之时抵达巅峰。晚景不堪的苏东坡，最为快乐的事情，便是自己阅读或者是听着自己心爱的小儿子苏过诵读陶渊明的诗作，并且下了"要当尽和其（陶渊明）诗乃已耳"②的决心，为此，颇费了一番"敛才就陶"（纪昀语）的努力，却也从中得到了极大的乐趣。此中的乐趣包括两方面，其一是展露才华、探索诗艺的创造的乐趣，另一则是宣泄情绪、心交异代的乐趣。刘勰在《文心雕龙》的《知音》篇里曾经有过这样的一段事关知音难遇的感叹："知音其难哉！音其难知，知实难逢，逢其知音，千载其一乎。"苏东坡与陶渊明虽然

---

① 〔宋〕苏轼著，孔凡礼点校：《苏轼文集·与参寥子二十一首之二》，北京：中华书局，1986年，第1859页。

② 〔宋〕苏轼著：《和陶归园田居六首序》，第2104页。

生不同时,然而他却能借由陶渊明载录在其诗文中的事迹而往交其人,更能以追和陶诗的方式,在韵脚与韵脚的重合中,在意见与观点的相互印证与互相碰撞中,在事件与事件的或强或弱的联系中,实现时空与时空的相互对接,由此,忘时而并世,异代而心知。《和陶归去来兮辞》中的"我其(陶渊明)后身盖无疑"的自我肯定的断言,便是对苏东坡与陶渊明神交异代的默契的验言。而这样愉悦的写诗(著文章)的经历,给困厄多艰的苏东坡,带来了巨大的慰藉,带来了令他得以"忘怀得失"而安处顺逆的勇气。

二、著诗以不朽

对于终有一死的凡人来说,不朽或曰永恒无疑具有巨大的吸引力。然而,以有限的年命来追逐无限的永恒,如果不说是不可能的话,那么至少也是充满了挑战的。而在追步永恒的道路上,人们所能想到的,要么是修仙或习佛以求肉身的不朽,要么是立德、立功、立言以求声名的不朽。

陶渊明的选择是追求声名的不朽,因为他充满了对时间流逝所带来的伤病与死亡的焦虑,与此同时又"帝乡不可期"(《归去来兮辞并序》),如此,便只好将对不朽的追求,交给酒,交给"阅读,思考,和发挥文学想象"[①],并在饮

[①]　田晓菲著:《尘几录:陶渊明与手抄本文化研究》,北京:中华书局,2007年,第122页。

酒与文字中,抵达不死的仙境。这样的焦虑,在《游斜川》一诗的序言中得到过很好的表达,即"悲日月之遂往,悼吾年之不留",因此才"各疏年纪乡里,以记其时日"。而《诸人共游周家墓柏下》的"感彼泉下人,安得不为欢"一句中所含有的生者对死者之处境的假设,《还旧居》中的"履历周故居,邻老罕复遗"中对物是人非的感叹,以及为逝去的从弟敬远、程氏妹乃至未逝的自己所写的祭文,凡此种种都说明了陶渊明对时光流逝的敏感,对死亡一事的重视。这一敏感与重视,在组诗《形影神》中有集中的表达,并且提出了面对有限的生命以及死亡的一些策略,包括饮酒(得酒苟莫辞)、立善(立善有遗爱)和顺应变化(纵浪大化中)三种。饮酒这一策略,在组诗《饮酒二十首》以及《读山海经十三首》中继续得到回应,此外还出现了阅读的策略。通过"历览千载书,时时见遗烈"[①]这一阅读方式,陶渊明巩固了自己守耕与固穷的勇气与决心。而阅读的经验,反过来又启发了陶渊明,他成了一个写作的人,成了一个将包括饮酒在内的行迹化入书中的人。至此,陶渊明初步构筑了他的不朽。

而陶渊明之不朽的最终完成,靠的是苏东坡的介入,介入的方式是阅读,更是写作。虽然历代学者,对苏东坡的和

---

① 陈庆元、邵长满编选:《陶渊明集·癸卯岁十二月中作与从弟敬远》,南京:凤凰出版社,2010年,第112页。

陶诗的艺术价值与艺术成就方面存有观点上的分歧，但就苏东坡是拔高陶渊明之地位的第一读者这一点来看，是存有共识的。而和陶诗的创作，是陷入彻底的政治无望之境地的晚年苏东坡，最为自觉且最为用力的诗歌探索，是继黄州之时的"诗笔殊退"①的忧虑之后奋而为诗的努力。在《子瞻和陶渊明诗集引》中，苏辙引述了苏东坡给他写去的书信中的一段话："古之诗人有拟古之作也矣，未有追和古人者也。追和古人则始于吾。"经过考证，苏东坡并非追和古人的第一人，于此，苏东坡并非有意隐瞒，而是限于消息的接收，他并未关注到影响实在微小的他人的追和。苏东坡的这句话透露出了他对第一的某种执求，而对第一的执求，在一定意义上就是对永恒的声名的执求，因为任何一个富有志向与才力的开创者，总是能在汗漫的历史中寻得无可取代的立身之地的。这种对第一或者说对自身无可替代之价值的追求，在《答张嘉父书》中亦有所体现："凡人为文，至老多有所悔。仆尝悔其少作矣，然著成一家之言，则不容有悔。"这句话的意思是，一个著诗为文的人，只要能够形成自己的独立风格，那么就不用对自己过去并不那么成熟的作品感到遗憾。持此言语的苏东坡，言下颇有肯定其少时创作风格的意思，而若将之与追和陶诗的行为加以联系，

①〔宋〕苏轼著，孔凡礼点校：《苏轼文集·与王定国诗四十一首之八》，北京：中华书局，1986年，第1517页。

那么，我们便可约略知道，追和陶诗是苏东坡"著成一家之言"之风格追求的必要过程，而作为一个探索的过程，自然有幼稚、粗拙的学习痕迹，由此，我们便可以对苏东坡所言的"自其得意，自谓不甚愧渊明"[①]一句有更好地理解，即苏东坡对自己追和陶诗的弊端是有着清醒的认识的，同时他也肯定了自己创作的成果。这种肯定，肯定的是自己的创作力与生命力，而对自己创造力与生命力的肯定，便是对自身独一无二的特性的肯定，有此特性，便可在困窘艰难中"不见老人衰惫之态"[②]，更可在浩浩汤汤的历史长河中，激荡起永恒的浪花。

小结

在《自题金山画像》一诗中，苏东坡写道："问汝平生功业，黄州惠州儋州。"这是非常有意思的人生总结，字里行间充满了矛盾的意味。众所周知，黄州、惠州、儋州的谪居期，是苏东坡人生当中的低谷阶段，政治无望，物质艰难，兼亲人离世又渐入老境，按照世俗的观点来看，这样的人生境况，在正当经历时是不堪忍受的，而在事后追忆时也将

---

① 曾枣庄选释：《三苏文艺思想》，成都：四川文艺出版社，1985年，第222页。

② 曾枣庄选释：《三苏文艺思想》，成都：四川文艺出版社，1985年，第222页。

是不堪回首的。然而，苏东坡却说，他的平生功业，是在黄州、惠州、儋州成就的，这之中自然免不了有兀傲奇崛的反话成分，但是更为核心的内容却是指向自己的艺术创作的，也就是说，苏东坡的艺术作品，便是他的平生功业。而艺术创作，无论是为诗作文还是其他，都要有非常深刻的生命体验，唯此才能写出入心入髓的好作品，所谓"黄金散行乐，清诗出穷愁"① 是也。黄州、惠州与儋州之谪居，苏东坡正是以穷愁之境为磨石，来锤炼创作之笔，而作为创作主体的苏东坡，在这些重要的人生时刻，所展开的是一场从起意学陶、深入和陶再到兼容陶与己而达到"心闲诗自放，笔老语更疏"② 的写诗之"精深华妙"（《追和陶渊明诗引》）的化境的探索的。从对陶渊明诗材的贴近，到诗风的效法，再到诗心的契合，苏轼全面升华了自己的诗歌创作。

---

① 〔宋〕苏轼著：《九日次定国韵》，第 1906 页。

② 〔宋〕苏轼著：《广倅萧大夫借前韵见赠复和答之二首其二》，第 2394 页。

第三章
透过陶渊明看苏东坡的人生思考

　　收录在《三苏文艺思想》一书中的《题渊明〈饮酒〉诗后》，记录了苏东坡对"悠然见（望）南山"这一句诗的用字裁度，他选定的是"见"字，理由为："因采菊而见山，境与意会，此句最有妙处。近岁俗本皆作'望南山'，则此一篇神气都索然矣。""见"字写出的是诗人陶渊明在采菊之时偶然遇山的不期而然的状态，是随意而自然的；"望"字则多了刻意，失却了陶渊明悠然任真、超脱无为的风致。然而，陶渊明果然就是任真超然的？据《尘几录》作者田晓菲对《乞食》一诗的分析来看，陶渊明其实是一个有着"复杂的人性画面"的人，而就是这样一个人，定格在人们印象中的形象却是超脱人世的，李泽厚说这是苏东坡的功劳。之所以要如此塑造，是因为陶渊明是苏东坡之理想化人格的具体寄托，所以他处处强调陶渊明自然清真的特点，经过一番努力之后，终于将这一性格侧面，从陶渊明丰富的性格层次中抽离出来，并令其成为陶渊明在后世读者心中最富特色的性格标签。这是一个颇为清醒的塑造过程，这可从苏东坡对陶渊明酒醉的"醉中如何记得这许多事"的疑语中得到证明。苏东坡知道陶渊明的心中自有焦灼的虑念，所以才会将心中种种托付给饮酒与醉境，然而他依旧根据自己的需求来将陶渊明塑造成一个陶然闲适的人。据此，与其说，苏东坡解读的是陶渊明，还不如说苏东坡是以陶渊明为媒介来梳理自己，《和陶东方有一士》诗中的"借君无弦物，寓我非指弹"一句便是苏东坡以和陶诗的创作为媒介，来借陶渊明"相引以造于道"（《问渊明》）的行迹的表达。而在苏东坡以陶为依托所展开的事关"道"的探讨过程中，表现出了以佛老解读渊明、以渊明调和佛老的特点，而他所探讨的"道"的范畴又包含为臣、为人、归隐、生死等层面。

第一节 苏东坡解陶的特色

谪居惠州的苏东坡，年老多匮又朝云离世、子孙远别，与此同时还要承受来自朝中权臣的压力，处境不堪。然而，他却以"顽强的自我肯定，与种种理性的智慧，来对付这一切"[1]，具体到精神层面的追求，苏东坡除秉持"穷则独善其身"的总体原则外，还有两个突出的方面，"一是对佛老思

---

[1] 王水照、朱刚著：《苏轼评传》，南京：南京大学出版社，2011年，第118页。

想有了更深入的理解……二是'和陶诗'的大量写作"[1]。而在《夜直玉堂携李之仪端叔诗百余首读至夜半书其后》一诗中，苏东坡有言："暂借好诗消永夜，每逢佳处辄参禅。"该句说明了习染佛禅的苏东坡，以着有佛禅之色的眼睛来读阅诗歌的特点；与此同时，苏东坡又是诗人，如此，他在参悟佛老义理之时，不免会运用自己的诗人之眼，由是而以诗心参禅（庄），又以禅（庄）入诗文。结合如前所述的苏东坡在惠州以及儋州时期的突围策略，即一方面研习佛老、一方面细和陶诗的诗法并用的方式，可以推知苏东坡在以追和陶诗为媒介的解读渊明的过程中，是掺入了佛老尤其是佛禅的色彩的；而在对佛老的参悟习染中，则是以陶渊明其人其诗，作为自己对禅道之参悟与接受的缓冲器。

一、以佛老解读渊明

《晋书·陶潜传》中载录了陶渊明的一个特点："（陶潜）性不解音，而畜素琴一张，弦徽不具，每朋酒之会，则抚而和之，曰：'但识琴中趣，何劳弦上声。'"这一纪录说的是陶渊明不通音律，却畜了一张没有琴弦的素琴，每遇朋会兴到之时，就抚琴寄意的事迹。通常而言，假若一个人不懂某个领域的知识的话，一般是会避而不谈的。陶渊明则与此

---

[1] 王水照、朱刚著：《苏轼评传》，南京：南京大学出版社，2011年，第118页。

相反，他虽然不通音律，却畜琴寄兴。他这一举动，自然不是附庸风雅的虚伪，要知道，陶渊明对"举世少复真"（《饮酒》）的时代风气是大加鞭挞的，而他最为推崇的人生品质就是"任真"，用他在《连雨独饮》中的表达就是："任真无所先。"陶渊明之所以要畜抚无弦琴，其目的在于要得到寄托在琴中的趣味，而此中趣味的获得，是不需要以琴声为载体的。既然不需要以音声为载体便能得到乐趣，那么何必还要保留无弦的琴，甚至做出抚琴的动作呢？顺着陶渊明的"识琴中趣"的逻辑，他是可以摆脱琴以及抚琴的动作的。在此，我们不妨先回到《五柳先生传》中的一句话："好读书，不求甚解。每有会意，便欣然忘食。"这句话告诉我们，陶渊明是一个非常自然而随性的读者，他读书为的是获得读书的快感，而这一快感的获得，与其说是寄托在所读的内容上，莫如说是浸入到阅读这一动作本身的，若在此基础上有所领会，更是会让人欣然快意到忘食的境界。以此返回畜抚无弦琴这一行为本身，陶渊明所要得到的"琴上趣"的内涵，其实是将抚琴这一动作所带来的抒发心志的快感容纳在内的。换句话说就是，抚琴既是琴趣的一部分，同时也是得到更高更深更远的琴趣的媒介。而对抚琴或阅读这一动作本身的执着，与对躬耕守贫之志节的坚守有着实质上的相通之处，都是陶渊明区别看待与取舍世间行迹的体现，都是陶渊明任真自得、超越俗累的体现。

苏东坡十分欣赏陶渊明这一寓托在"无弦琴"中的任真自得的高情雅趣,并将他融合了智思与生命体验的欣赏贯注到自己的诗文创作中。在任职凤翔签判之际,苏东坡写过一首名为《谢苏自之惠酒》的诗歌,诗中以"心月皎皎常孤圆……琴虽未去聊忘弦"的措辞,表达了一种基于心灵的皎洁圆满之"全"所生的"摆脱外物束缚的真趣"①,这一真趣在写于晚年的《欧阳晦夫遗接䍦琴枕戏作此诗谢之》一诗中的"无弦且寄陶令意"句,亦得到了延续,《琴枕》中的"彭泽漫知琴上趣"句亦是此般真趣的体现。然而,苏东坡对无弦琴的反复申说,并不止于对陶渊明之无弦琴之"琴趣"的简单重复,而是在此基础上不断融入自己的生命体验。在写于密州的《张安道乐全堂》一诗中,苏东坡以"无琴不独琴无弦"句表达了自己"彻底超越行迹的心灵渴求"②。写于同一时期的《和顿教授见寄用除夜韵》诗中的"无弦则无琴,何必劳抚抚"句,亦是彻底超越行迹的言语表达。在这两首诗里,苏东坡都是在陶渊明琴无弦的基础上,更进一步地将"琴"这一寄托动作与兴致意趣的载体也超越掉了。而这一超越性的解读,是以对佛家空观以及庄子之"无待"观念的吸收为基础的。《坛经》中的《传法偈》部分载录了六祖慧能的一首偈语:"菩提本无树,明

---

① 李剑锋著:《元前陶渊明接受史》,济南:齐鲁书社,2002 年,第 275 页。
② 李剑锋著:《元前陶渊明接受史》,济南:齐鲁书社,2002 年,第 275 页。

镜亦非台。本来无一物，何处惹尘埃。"说的是世界的本质
乃是空无，并无染尘着秽的可能。而《庄子·逍遥游》篇中
的"若夫乘天地之正，而御六气之变，以游无穷者，彼且恶
乎待哉。"[1]则指出了顺应自然规律、把握六气变化而游于无
穷境域，乃是抵达无所依恃之状态的实现路径。在融禅化
庄的过程中，苏东坡实现了从陶式无弦琴之对行迹的有所
坚守，到苏式之琴也无的对行迹的彻底超越的转变，而这一
转变体现了苏东坡以庄禅解读陶渊明的特点。

　　这一特点，在以追和陶诗为媒介的解读陶意进而梳理
己意的过程中，亦屡有体现，其中非常鲜明的一个特点便是
对毁誉的应对。在写于扬州的组诗《和陶饮酒二十首其六》
中，苏东坡借由陶渊明的韵脚，抒发了自己对毁誉的一些看
法。为了更清楚地显示苏东坡与陶渊明在毁誉观上的异同，
兹并举两人原诗如下：

> 行止千万端，谁知非与是。是非苟相形，雷同共毁誉。
> 三季多此事，达士似不尔。咄咄俗中愚，且当从黄绮。
> 　　　　　　　　——陶渊明《饮酒二十首其六》
> 百年六十化，念念竟非是。是身如虚空，谁受毁与誉。

---

① 〔战国〕庄子著，方勇译注：《庄子》，北京：中华书局，2010年，第3页。

得酒未举杯，丧我固忘尔。倒床自甘寝，不择菅与绮。

——苏东坡《和陶饮酒二十首其六》

陶渊明诗中所写的"毁誉"是置放在人云亦云的社会风气下的，是对雷同的社会现象的批判，并在此基础上表明自己愿意追随黄绮（夏黄公与绮里季，代指"商山四皓"）隐居世外、远避毁誉来保全自己的理想人格的心迹。不同于陶渊明避开毁誉，即与毁誉保持距离的选择，苏东坡认为，并不需要与毁誉保持距离，因为根本没有可供毁誉附着的载体：身心。在苏东坡眼中，他受天而成的身体，有如虚空一般，是不存在的，是可以忘记的。既然没有可供毁誉附着的身体，那么，即便敌人的箭纷纷向他射来，也不会构成什么伤害，如此，对毁誉的避让之举，便显得多余了。而苏东坡虚空身体、无附毁誉的做法，是他摄入佛家空观与庄子齐物论理念的成果。"是身如虚空"意同六祖慧能所言的"本来无一物"，"谁受毁与誉"则是"何处惹尘埃"的翻版。而《庄子·齐物论》中的"形固可使如槁木，而心固可使如死灰乎？……今日吾丧我"[1]部分便是"丧我固忘尔"句的文本源头。

在超越行迹与破除毁誉以抵达心灵的自由与自在之

---

[1]〔战国〕庄子著，方勇译注：《庄子》，北京：中华书局，2010年，第16页。

余，苏东坡更是借力禅家的圆融境界，打破时间的单向流动，转而实现过去、现在、未来三世的涵容互摄，以此抵达"我即渊明，渊明即我"①的异代心灵的深刻契合。在和陶诗中还有一些状如"我即渊明，渊明即我"的表达，如《和陶东方有一士》中的"屡从渊明游，云山出毫端"句，《和陶贫士七首其一》中的"我欲作九原，独与渊明归"句，以及《和陶归去来兮辞》中的"我其后身盖无疑"句等。这些句子，或是抒发自己追从渊明的心迹，或是表达自己与渊明的深刻默契，在这拳拳言语间，尽是苏东坡在禅家圆融之境的参与下破除时空滞碍而对话渊明、探索自己的浓情载录。从某种意义上来看，苏东坡之所以能与陶渊明取得较之他人更为深刻的默契，很关键的一个原因在于苏东坡的融禅化庄解读渊明的独特方式，由是而超越行迹、虚空自身并最终打破时空与人我的界限，实现"我即渊明，渊明即我"的默契。

二、以渊明调和佛老

与其他文明相比，中华文明以其自觉的人之担当而非信仰宗教之神的特点，显示出了自身独有的文化秉性。这样的人之担当，固然展现了人之为人的坚刚与尊严，可是一

---

① 〔宋〕苏轼著：《和陶东方有一士》，第 2267 页。

且遭到强劲外力的压折，身心都将陷入绝境。当此之时，归诚神灵，似乎是前路康庄的正确选择。对于古代的士人来说，却还有另外一种独善其身的方式，即尚友前修。所尚友的前修，自然不必止于一人，也不必就是某个具体的个人，完全可以是一种理想典型。而在富有理想色彩的前修的鞭策下，身当困厄的士人，便能重拾信心与勇气，进而从容用舍了。苏东坡所推重的陶渊明，就是得益于前修的鞭策而固守穷节的典范。无论是"历览千载书，时时见遗烈"（《癸卯岁十二月中作与从弟敬远》）句中对尚友方式的呈现，还是"孟公不在兹，终以翳吾情"（《饮酒二十首其十六》）的世无知音的感叹，乃至"馁也已矣夫，在昔余多师"（《有会而作》）、"何以慰吾怀，赖古多此贤"（《贫士七首其二》）以及"谁云固穷难，邈哉此前修"（《贫士七首其七》）等句中所载录的从前那儿修得到勇气与力量的表达，都是对"微斯人，吾谁与归"（范仲淹《岳阳楼记》）的问句的肯定答复。

以前修为师为友的陶渊明，又成了苏东坡的师友，而经一番人格的映照与诗歌的切磋琢磨之后，更让苏东坡发出了"我即渊明，渊明即我"的心声。之所以能跨越时空的界限，进而达至如此深刻的默契，与苏东坡摄入禅之圆融境界有关，关于这点，前文已有探讨，在此不多展开。借由对禅之圆融境界的参用所实现的与陶渊明的深刻心灵默契，反过来又成为苏东坡参研佛老的一种视角，进而成为苏东坡与佛老保持距离,乃至最终超越佛老的心灵依凭。在初到惠州的绍圣二年(1095)三月所写的组诗《和陶归园田居六首》的序言中,苏东坡写道:"始余在广陵和渊明《饮酒二十首》,今复为此,要当尽和其诗乃已耳。令书以寄妙总大士参寥子。"这几句话交代了苏东坡要完全而系统地追和陶诗的自觉,并将自己的决定写成书信,告诉妙总大士参寥子。参寥子,是与苏东坡同时的有名诗僧,与东坡有着十分深刻的私交,其人诗风清熟,有渊明风致,因此苏东坡曾在写与他的信中劝他"磨揉以追配渊明"[1],故而,当苏东坡做出要尽和陶诗的决定后,自然会兴味盎然地将他的决定告知同好。然而,苏东坡之所以积极地"令书以寄妙总大士参寥子",还有另外一个原因,即分享他新近发现的有别于佛祖之外的另一心灵归宿:陶渊明。写于更后(绍圣二年三月到九月期间,从金甫曝观点)的《和陶神释》一诗,苏东坡更以"莫从老君言,亦莫用佛语。仙山与佛国,终恐无是处。甚欲随陶翁,移家酒中住"等诗句,表达了自己超越佛老、归心陶翁的心声。

当然,我们并不能说,归诚佛僧与归心渊明是势不两立的选择,实际上,这两者充满了互补的弹性,对苏东坡这样一个融通儒、释、道三家的人来说尤其如此。苏东坡从来都

---

[1] 〔宋〕苏轼著,孔凡礼点校:《苏轼文集·与参寥子二十一首之二》,北京:中华书局,1986年,第1859页。

不曾在具体的一家思想或境界中完全浸化而不能自拔,这与他"寓意于物,而不可以留意于物"(《宝绘堂记》)的审美观念有关,对于外物,他只是取其有补于自己的地方,而不会完全沉浸其中不能自拔。兹以苏东坡对佛禅的态度为例来加以说明:

> 往时陈述古好论禅,自以为至矣,而鄙仆所言为浅陋。仆尝语述古,公之所谈,譬之饮食龙肉也,而仆之所学,猪肉也,猪之与龙,则有间矣,然公终日说龙肉,不如仆之食猪肉实美而真饱也。不知君所得于佛书者果何耶?为出生死、超三乘,遂作佛乎?抑尚与仆辈俯仰也?学佛老者,本期于静而达,静似懒,达似放,学者或未至其所期,而先得其所似,不为无害……
>
> ——《答毕仲举书其一》[1]

对苏东坡来说,他所需要的并不是藏于云雾之后的玄妙莫测的高深义理,而是能对现实困境进行切实补救的策略。本着这一为我所用的态度,他在深入佛禅的同时,又保持着内在的自我,而对这一内在自我的秉持,使他始终保持着对仙山与佛国的怀疑,更是在弥留之际,拒绝维琳

---

[1] 〔宋〕苏轼著,孔凡礼点校:《苏轼文集》,北京:中华书局,1986年,第1671—1672页。

与钱世雄之勿忘西方的建议,坦然离世。而"携手葛与陶"^①的选择,又是苏东坡保留与巩固内在自我的有机组成部分。从这个意义上来说,"苏轼实在是从陶渊明身上而非从佛祖身上找到了安顿灵魂的切实家园"^②。而陶渊明作为历史上曾经存在的有血有肉有所坚持与担当的个人,给苏东坡带来的是如"猪肉"一般真实可感的启发与鼓励,让他得以超越升沉的荣辱,坚定谪居躬耕的勇气与信心,进而将生命的根基深深扎入脚下那真实又浑厚的大地,无往不适,安处所遇。

第二节　和陶诗中的人生思考

秦观在《答傅彬老简》中,以"苏轼之道,最深于性命自得之际;其次则器足以任重,识足以致远;至于议论文章,乃其与世周旋,至粗者也"的精炼赞语,高度肯定了苏东坡善处逆境的人生智慧。这一智慧的获得,靠的是苏东坡对儒释道三家思想的融通,以及他在幽居默处期间对万物的深刻观察、对事理的透彻领会。而谪处黄州、惠州、儋州的困厄处境,为苏东坡提供了这样一个思考生命深处的问题的平台。对佛老的参悟是思考的切入点之一,对陶渊明诗歌的追和,同样是对与生命之实质相关的问题进行思

---

① 〔宋〕苏轼著:《和陶读山海经十三首其十三》,第2136页。

② 李剑锋著:《元前陶渊明接受史》,济南:齐鲁书社,2002年,第283页。

考的一种方式，对此，苏东坡自己说得很清楚，即"借君无弦物，寓我非指弹"①。而从陶渊明的诗文集中我们可以知道，归隐以及生死是最能触动陶心、激发陶思的关节点，对这两方面问题的体验以及思考，又通过阅读和写作的方式得到巩固与强化。就着陶渊明载录在诗文中的诸如归隐以及生死在内的"无弦琴"，苏东坡以追和的方式，展开了寓含有自己独特个性与体会的"非指弹"。而此中所谓的独特个性，即是苏东坡由于他自身独特的仕宦生涯，以及在他所身处的时代氛围的影响下，所形成的包括为臣、归隐以及生死等方面问题在内的富有思辨意味的哲学思考。

一、为臣与为人

后人推重陶渊明的地方，首先是他的隐士高风，其次才是他的文学成就。被推重的这两点，都与政治经历无关，虽然陶渊明也曾出仕过，但他出仕的主要原因是为了贴补家用，用他在《归去来兮辞》序言中的说法就是："余家贫，耕植不足以自给，幼稚盈室，瓶无储蓄，生生所资，未见其术。"这样的出仕理由，充满了权宜的过渡意味，一旦情况好转，或者说有什么问题比事关"饥冻"的生计问题更加重要，那么脱离官场，便是再自然不过的选择了。对自然之质

---

① 〔宋〕苏轼著：《和陶东方有一士》，第 2267 页。

性的养护,就是比切身之"饥冻"更为重要的事情,加上对亲人的思念以及妹妹的逝去,陶渊明终于彻底结束他短暂的官场生涯,并以极为坚定的意志坚持隐居生活。所以在为人臣者这一重身份上,苏东坡与陶渊明并没有什么共鸣之处。但是,陶渊明在劳作之余所展开的阅读中,涉及了君主与人臣之间的一些事宜,有所感悟,录而为诗。所录下的这些事关君臣的诗歌,为苏东坡提供了借弦寓弹之思考的出发点。其中,最为触动苏东坡为臣之节的思考的诗歌是《咏三良》,对此,苏轼还以追和的方式,将他的思考记录在《和陶咏三良》中:

> 此生泰山重,忽作鸿毛轻。三子死一言,所死良已微。
> 贤哉晏平仲,事君不以私。我岂犬马哉,从君求盖帷。
> 杀身固有道,大节要不亏。君为社稷死,我则同其归。
> 顾命有治乱,臣子得从违。魏颗真孝爱,三良安足希。
> 仕宦岂不荣,有时缠忧悲。所以靖节翁,服此黔娄衣。

这首诗的立意一反陶渊明原诗中对三良①然诺赴死的行为的肯定,而另开局面,转而以为人臣者应该在什么意义

---

① 三良,指秦国子车氏之三子奄息、仲行和鍼虎。三良从死见《史记·秦本纪》引应劭曰:"秦穆公与群臣饮,酒酣,公曰:'生共此乐,死共此哀。'于是奄息、仲行、鍼虎三人许诺。及公薨,皆从死。

上为君而死的角度切入。在诗的开篇,苏东坡首先立下三良为酒酣耳热之际的一个诺言而死是没有价值的论调,接着引入晏子"事君不以私"①的原则作为对比,以此为基础,进一步展开为人臣者不等同于君主私人豢养的犬马的议论,继而提出杀身有道、殉君以社稷之公的观点。这一观点是对封建王臣唯君命是从,而缺乏独立自主之意识与人格的习惯力量的挑战,在一定意义上,写作此诗的苏东坡是摆脱了臣子这一身份的枷锁,转而成为一个可与天地并三的精神强大的个人。

而这一从为臣到为人的境界转变,与苏东坡的从政经历以及他的从政理念大有关系。在从政经历方面,苏东坡一生仕宦之荣辱,都是由他的旧党身份所决定的,而他之所以被贴上旧党的标签,是因为反对王安石的新法变革。不过,他所反对的并不是变革本身,而是新法中对人民造成伤害的部分,因此当以司马光为首的旧党得势时,他仍旧根据自己从地方任职所观察到的经验,坚持新法中有利于人民的地方,为此在新旧两党中都没有落到好处。对此,夹处在新旧党争中的苏东坡不免也会觉出事态的荒唐可笑:他曾

---

① 《左传·襄公二十五年》晏子云:"君民者,岂以凌民?社稷是主。臣君者,岂为其口实?社稷是养。故君为社稷死,则死之;为社稷亡,则亡之。若为己死而为己亡,非其私昵,谁敢任之?且人有君而弑之,吾焉得死之?而焉得亡之?将庸何归?"

经目为政敌的未必就是小人，他一度引为同道的也未必就是君子，由此，苏东坡不得不重新审视北宋知识分子所共同持有的历史乃是"'君子'与'小人'的斗争史"[①]的观念，在审视的过程中加深怀疑，并最终导致价值体系的崩溃，如此，形成于对抗"小人"过程中的忠义之感，也就随之瓦解了。缺失了折困出于"忠义"这一精神支柱的支撑，苏东坡作为臣子所经受的苦难，便失去了慷慨的道德高义。如此，他只好在寻求苦难之新价值的精神历程中，重新考虑自己的为臣节度，以及自己的生命到底应该归向何处的问题。

在从政理念方面，苏东坡所秉持的是出仕是为了谋求百姓的利益，而非汲汲于一己之荣宠的理念。在《东坡先生墓志铭》中记载了一个故事：

> 太夫人尝读《东汉史》至《范滂传》，慨然太息。公侍侧，曰："轼若为滂，夫人亦许之否乎？"太夫人曰："汝能为滂，吾顾不能为滂母耶？"公亦奋厉有当世志。太夫人喜曰："吾有子矣。"

范滂其人，除恶欲尽，有澄清天下之志。苏东坡小小年纪，便引范滂为比，生就奋厉为当世的志向，足见其为民请

① 王水照、朱刚著：《苏轼评传》，南京：南京大学出版社，2011 年，第570 页。

命之肝肠的诚恳。出仕以后，更是以自己的职权所便为民谋利，或是在决狱之时酌情放囚犯回家过年，或是与军民共抗洪水，或是修筑堤岸，或是祈雨救婴。而对王安石新法中为害于民部分的尖锐诗讽因而导致被捕入狱，被贬黄州，复又重新回朝，经此变故与升沉的苏东坡，依旧毫无芥蒂地为新法中便利百姓的部分进行辩护的坚持，尤其能看出他为民之心的坚韧。本着这样坚韧的为民情志，即使是陷入到毫无希望的政治绝境中，苏东坡也依旧寻找着为民请命的机会。以谪居儋耳为例，彼时的苏东坡身体多病、饮食不继，可谓是自顾不暇，他却以箕子自任，开化海南的文明，并且劝勉当地人民务农。《和陶劝羊长史》中的"好学真伯业，比肩可相如"，即是苏东坡希望凭借郑嘉会所送的书籍，来营造带动海南的读书氛围、培养人才的劝学希冀。而《和陶劝农六首》组诗，则是苏轼以儒家重农的传统为背景，来劝勉当地人民务农的儒者情怀的体现。这样仁厚而诚挚的为民谋利的行为，使苏东坡得到了所任职之地百姓的热烈回应。在《罢徐州往南京马上走笔寄子由》一诗中，苏东坡用"吏民莫攀援，歌管莫凄咽"两句诗，记录了自己被徐州人民拼命挽留的情景。遭遇乌台诗案时，民间的百姓为他设案祈福。贬谪惠州时，当地"吏民惊怪坐何事"，并且以"父老相携"（《十月二日初到惠州》）的姿态迎接苏东坡。贬谪儋州时，则有言语不通的黎山幽子赠他以可以抵御海风之寒的吉贝布^①。

在为民请命且得民惠爱的双向互动中，饱经忧患而多经流落的苏轼，终于找到了新的生命意义，即从"此前基本上为了对皇帝负责"转为"为这些人（普通士民）而生活"，在身份、生活状况、精神寄托、思想倾向乃至情感认同等方面，都"从庙堂走向民间"^②。而以民间为依托，即是以大地为依托，如此，便无需再仰赖君主的赏识，而得以在"实无负于吏民"（《过汤阴市得豌豆大麦粥示三儿子》）的"为社稷"之公的用心与实绩中问心无愧，从而"藐视朝廷的打击和否定，断然超越政治，还归于'人'的生存境界，食芋饮水，视曾经拥有的富贵为浮云春梦，而傲啸于岭云海日间"^③。

二、归乡

在任职之初，苏东坡就以"寒灯相对记畴昔，夜雨何时听萧瑟。君知此意不可忘，慎勿苦爱高官职"^④ 的诗句，来

---

① 〔宋〕苏轼著：《和陶拟古九首其九》，第 2266 页。

② 王水照、朱刚著：《苏轼评传》，南京：南京大学出版社，2011 年，第 116—117 页。

③ 王水照、朱刚著：《苏轼评传》，南京：南京大学出版社，2011 年，第 573 页。

④ 〔宋〕苏轼著：《辛丑十一月十九日既与子由别于郑州西门之外马上赋诗一篇寄之》，第 96 页。

告诫自己也劝勉子由要对高官职所代表的富贵荣华保持距离，以期早日回到故乡。然而，除了奔母程氏之丧，以及扶父亲苏洵、妻王弗之灵柩两次返蜀外，苏东坡再无还乡的机会。长期转徙他乡的生活，让本就恋乡的苏东坡越发深厚了对家山的思念，尤其是在仕途受挫之时，他更是经常发出诸如"且待渊明赋归去，共将诗酒趁流年"①"平生长物扰天真，老去归田只此身"②"曾活万人宁望报，只求五亩却归耕"③等带有浓烈归乡意愿的感叹。然而，得意之时为民之意拳拳，失意时则身不由己流落江海。为此，他只能将蜀地的山水存放在心头，并借由在诗文中反复申说归隐之意的行为，来舒缓自己的家山之念。而志于隐居且真正实现了隐居志愿的诗人陶渊明，自然成为归乡不得的苏东坡叙说归乡意愿时的语言符号，更在"我不如陶生，世事缠绵之"④"但恨不早悟，犹推渊明贤"⑤之类比渊明而自愧的心理下，展开归乡之可能性以及归乡之后可能面临的问题的思考，追和陶诗的过程就是苏东坡关于这一思考过程的具体展开。

在分析苏东坡以陶渊明为探索他的归隐之可能性的切

---

① 〔宋〕苏轼著：《寄黎眉州》，第 685 页。
② 〔宋〕苏轼著：《送竹几与谢秀才》，第 1354 页。
③ 〔宋〕苏轼著：《表弟程德孺生日》，第 1973 页。
④ 〔宋〕苏轼著：《和陶饮酒二十首其一》，第 1883 页。
⑤ 〔宋〕苏轼著：《和陶怨诗楚调示庞主簿邓治中》，第 2272 页。

入点之前，让我们先看一看，苏东坡对他因仕途转徙与贬谪流落而抵达的地方，所做的观念上的变通：其一是建立起所到之处的风物同他的家乡风物的关系，即以浓郁的恋乡情结为基础，找寻所到之地与家乡风土相似或关联的某些地方，从而对所落脚的地方产生一种宾至如归有如还乡的亲切感；其二是拆除横亘在自己与所到之处的由地域隔阂所带来的心理隔阂，直接融入当地的风土人情而无睽违之感；其三是将身不由己的贬谪经历视为一种带有主体积极性意味的行游活动；其四则是以人生如寄的观念为依托，来虚化消无家山的观念，既无家山，何处归去？《南乡子》中的"认得岷峨春雪浪，初来，万顷葡萄涨绿醅"、《晚游城西开善院泛舟暮归二首》中的"远谪何须恨，来游不偶然。风光类吾土，乃是署江边"，便是观念一的具体呈现。《浣溪沙》词中的"使君元是此中人"、《食荔枝二首其二》中的"不辞长作岭南人"，则是苏东坡放下外乡人意识，而自觉融入当地风土的演绎。《六月二十日夜渡海》中的"九死南荒吾不恨，兹游奇绝惯平生"、《郁孤台》中的"吾生如寄耳，岭外亦闲游"，是苏东坡化身不由己为主动出游的观念的呈现。至于《又书王晋卿画四首·西塞风雨》诗中的"斜风细雨到来时，我本无家何处归"句，则是苏东坡以破除家与归之间的对立关系，从而无家也无需归的观念的叙说。

　　虽然四个观念交错纵横在苏东坡的不同生命时期内且

各有分量,但是最为苏东坡所常采用且最为成熟的是观念二与观念三,尤其是观念二,这是助力苏东坡以贬谪之名而行归隐之实的最为重要的理念。而此中所谓的归隐,并不是身体与心灵的遁世,而仅仅是指一种得以让心灵安适如归乡的谪隐。之所以能够化贬谪为归隐,在于心灵的安定,所谓"此心安处是吾乡"(《定风波》)、"少安与汝居"(《和陶拟古九首其三》)是也。地脉与文脉的相通,是屡陷困境尤其是退到人生的极暗淡处的晚年苏东坡,得以安宁的很重要的两个因素。在《和陶劝农六首》的开篇处,苏东坡写道:"咨尔汉黎,均是一民。"这句话的意思就是无论是汉族还是黎族,都是一样的华夏人民。这里的"一样",是跨越了地域的区别的,或者说,汉黎之间,尽管有表面上的地域之差,事实上却是"南北东西只一天"(《蜀僧明操思归龙丘子书壁》),大家都承载着同样的青天,也都踏足着同样的土地,海内海外的地脉是连在一起的。既然地脉相连,既然"海南内在于大陆,海南的良田一体于华夏"①,那么便没有异乡与故乡的区别了。第二个因素则是文脉的相通,在《和陶拟古九首其五》中,苏东坡对海南的历史进行了梳理,

---

① 张兆勇著:《苏轼和陶诗与北宋文人词》,合肥:安徽大学出版社,2010年,第80页。

思路之一便是"将海南的变迁与内地的大历史融为一体"①，如此，海南并没有自外于华夏，而是与华夏一体共存的，既然是共存的一体，那么"身如传舍"的苏东坡便得以在仓促无情的流转中，找到得以施力的地方，从而安处于当下了。

虽然在主观上化贬谪为归隐，但是苏东坡毕竟是身不由己之身，因此他时不时就会遭遇外界的干扰而生"但恐鹏鸟来，此生还荡析"②的忧惧。而归隐本身也是困难重重的，尤其是在生计的维持方面。选择隐居的陶渊明，断了经济来源，便只好忍受劳作之苦而勤力躬耕，却不免遇上年成不好的时候，如此便只好一边愧对妻孥，一边揣着一腔志忑向人乞食了。对此，苏东坡看得清楚，并在《和陶乞食》诗中以"呜呼天下士，死生寄一杯"的诗句，来表达饮食之于人的重要作用。不过，虽然也有酒尽米竭的捉襟见肘之时，苏东坡的内心倒没有像陶渊明那般挣扎，因为他经常以一种审美的从容，去审视他所种植的蔬菜、他所经历的饥寒，并于这样的经历中，感悟人生的不坏至味，而"可为子孙贻"了。

苏东坡所找到的至味，是"风乎悬瀑下，却行咏而归"（《和陶归园田居六首其三》）的孔子式的暮春沐浴而归后的精神的裕如与从容，是一种无邪无思无虑的境界。而这

---

① 张兆勇著：《苏轼和陶诗与北宋文人词》，合肥：安徽大学出版社，2010年，第83页。

② 〔宋〕苏轼著：《和陶乙巳岁三月为建威参军使都经钱溪》，第2308页。

种从容与无忧，是以立足现实为根基的。在《和陶东方有
一士》诗中，苏东坡写道："归路在脚底，嵯函失重关。""归
路在脚底"中的"脚底"有两层含义："一者指现实人世，
一者指当下此在。"[①]而在《和陶桃花源诗》的序言中，苏东
坡特意介绍了一个可以媲美于陶渊明所创造的桃花源的仇
池，按序言所载，仇池虽然可以在足供避世这一点上与桃花
源相互比并，但是仇池与桃花源是不同的。具体区别为，桃
花源的存在本身意味着对外界的畏惧，并且只是一个难以
追及的理想的幻影；而仇池对外界是无所畏惧又是实有其
地的，而且仇池只是"若此者甚众"的天壤间的可供归栖的
有如桃源一般的处所之一，是有抵达的可能性的，由此"桃
源信不远，藜杖可小憩"（《和陶桃花源诗》）。"心诣"即
是抵达桃源之境的方式之一，而心之所诣的地方，是现实的
人世，以当下的时间为背景，如此，以一种"我适物自闲"
（《和陶归园田居六首其一》）的态度来对待惠州与儋州的
贬谪，便可以在心灵的超越中打破归去的执着，从而在内心
的安宁中从容归乡了。

三、生死

《庄子·大宗师》篇中有这样一个句子："夫藏舟于山，

---

① 张兆勇著：《苏轼和陶诗与北宋文人词》，合肥：安徽大学出版社，2010
年，第90页。

藏山于泽,然而夜半有力者负之而走,昧者不知也。"① "夜深人静时,从大壑深泽中负舟而走的'有力者'是一个强劲的印象,代表了死亡不可抗拒的力量。"② 在这一不可抗拒的力量的逼迫下,作为生性敏感又年命有限的个人,不能不为之内心焦灼,并努力寻找能够与死亡这一巨力相与抗衡的策略。

陶渊明的策略有二,其一是不喜亦不惧地"纵浪大化中"(《神释》),以有限化入无限的方式,来消除对死亡的忧虑;其二则是"酣饮赋诗",通过饮酒尤其是赋诗,来凝刻行迹,以记录在白纸黑字上的记忆的长存作为生命的延续。在赋诗存迹以对抗死亡之强力这一点上,苏东坡是陶渊明的同道中人,此外,他还有其他一些对抗死亡的尝试,包括对佛禅思想的摄入,对道家养生术的痴迷等等。谪居黄州期间,是苏东坡大量研读佛经、摄入佛法的开始,与此同时他还发展起了道家的打坐养气以及制作丹药的兴趣。这一兴趣,在谪居惠州与儋州之时,继续得到保持。不过,随着时间的推移,体验的深入,热爱思考的苏东坡重新审视起了自己同佛国与仙山的关系,并由此引发了自己应在何种意义上度过晚年的思考。审视与思考的结果,主要集中

---

① 〔战国〕庄子著,方勇译注:《庄子》,北京:中华书局,2010 年,第 100 页。
② 田晓菲著:《尘几录:陶渊明与手抄本文化研究》,北京:中华书局,2007 年,第 41 页。

在《和陶神释》《和陶读山海经十三首》以及《和陶杂诗十一首》中。

在《和陶神释》中，苏东坡以"仙山与佛国，终恐无是处"两句诗，表达了他对仙山与佛国之存在可能性的怀疑，由此决定"莫从老君言，亦莫用佛语"，而是在"随陶翁"的过程中寻得生命的意义与归宿。在这首写于元符元年（1098）正月[①]的诗歌中，苏东坡以极为鲜明的态度，表达了经过惠州一段时间徘徊的他，对采用佛、老二路以对抗死亡的策略的否定，与此同时，还以"仲尼晚乃觉，天下何思虑"的结句作为人生的最高境界，将对生死的超越系于儒家的"何思虑"之点上。而《和陶读山海经十三首》中以及《和陶杂诗十一首》中，苏东坡记录了他得以超越佛、道的思想依据。在组诗《和陶读山海经十三首》中，苏东坡首先交代了追和的背景，继而描述了一些得以养生延年乃至长生不老的方法，最后指向"葛与陶"。对于这些得以"争此顷刻光"（《和陶读山海经十三首其四》）的方法（金丹以长生、尸解以羽化、御气无恃）[②]，苏东坡认为"金丹不可成""尸解竟不传""御气本无恃"，即认为这些方法要么是不可靠的，要么则是不需要勉强作为的。

---

① 此处从学者杨松冀的观点。

② 张兆勇著：《苏轼和陶诗与北宋文人词》，合肥：安徽大学出版社，2010年，第43页。

在否定这些得以使身体不朽的方法之后，苏东坡提出了另外一种超越死亡的路径，即精神上的不朽。在《和陶读山海经十三首其三》中，苏东坡肯定了陶渊明"奇文出纩息"的做法，是超越生死之流的方式。而在该组诗的第九首中，苏东坡以"谈道鄙俗儒，远自太史走。仲尼实不死，于圣亦何负"的诗句，呈现了超越生死之对峙的路径，即在苏东坡看来，"一个人的价值不在于生命的长短，而在于境界、在于情怀，在于与天地万物的浑融"[①]，在于对现实世界的关怀，在于对正在经历的生命的深刻体验与理解。在该组诗的第十三首中，苏东坡则以"东坡信畸人，涉世真散材"的诗句，表达自己融合道家之散荡风格与儒家之扎根于现实之特点的决心。而在《和陶杂诗十一首》中，苏东坡又以"博大古真人，老聃关尹喜。独立万物表，长生乃余事"等诗句，表达了自己以超越万化为追求，而不拘泥于长生之细事的旨趣。

从如上的分析中可以知道，苏东坡超越生死的策略最终归结为两点：其一是以超越的心态超越万化也超越生死，这是对生死的内在超越；其二则是以知生尽生的立足现实与现世的行动来超越死亡，这是对死亡的外在超越。在策略一中，苏东坡取佛老思想中有助于心灵平静的方法。在

[①] 张兆勇著:《苏轼和陶诗与北宋文人词》,合肥:安徽大学出版社,2010年,第43页。

策略二中，苏东坡则将其行动落实到饮食日用及著书立说中。在饮食日用中，体悟不变的人生至味。在艰难的环境里，承担起开化僻远之地文明的责任，并在明知"昭氏有成亏"（《和陶杂诗十一首其十》）的表达存有局限的基础上，担负起弥缝日益破碎的大道的责任，而"已矣复何叹，旧说易两篇"（《和陶杂诗十一首其九》）一句，便是苏东坡最终完成对《周易》与《论语》的阐释后，对自己的学术承担与行动的肯定。以对《周易》与《论语》等儒家经典的精心阐释作为超越生死的外在路径，可见根基于苏东坡内心的仁者爱人之儒家精神的深厚。本着这一浓厚的仁者爱人精神，苏东坡以一个士人所能承负的最大担当，扎根现世，以必朽之躯行不朽之事，而终于消除对长生的执迷，以及对死亡的忧惧。

小结

苏东坡的和陶诗属于次韵之作，即苏东坡的和陶之作均是依照陶渊明原诗的韵脚展开的。而次韵之作，除了在形式上要依照原诗的韵脚外，在意义上也要有所关联。因此，隶属次韵作范畴的和陶诗，与陶渊明原诗之间，是有着意义上的相关之处的。又苏东坡展开于扬州之时的和陶之作虽然意出偶然，但是在谪居惠州时期所下的尽和陶诗的决心则是相当自觉的，且每次追和陶诗都必有缘由。这其中或许免不了因难见巧的逞才使气的成分，不过从根本上来看，苏东坡和陶的主要目的在于，他希望能够以对陶渊明所曾经历过的人生困惑的接近与梳理为媒介来反思自己，即"苏轼'和陶'是他晚年切入的一条企图通过对话陶渊明而达于反思自己的途径"[①]。

　　在这个借陶之"无弦琴"而寓藏自己之"非指弹"的过程中，苏东坡一方面纳入佛老的思想来解读陶渊明，另一方面又依托陶渊明为视角去调和佛老思想，并在为臣原则与为人气格、归隐以及生死三个方面展开了丰富而深刻的自我反思，由此，化解了政治打击所带来的价值系统崩溃的危机，实现了以谪为隐的转变，并以对现世当下的真诚而热烈的践行来超越生死，而最终得以在"晦明风雨"般忧患丛生的人生际遇中"蹈常履素""不改其度"（《龙山补亡并序》）了。

　　[①]　张兆勇著：《苏轼和陶诗与北宋文人词》，合肥：安徽大学出版社，2010年，第14页。

结　语

本书以"诗酒桃源：苏东坡与陶渊明的跨时空对话"为研究主题，从人格映照、为诗琢磨到困惑互启三个方面展开写作。借助这一研究，一方面希望能够进一步探索苏东坡作为一个才雄学富的天才诗人，在生命际遇的变迁下，所展开的转变诗风的努力。另一方面，也期待能够进一步辨明陶渊明给困处谪境的晚年苏东坡带去的积极影响。依据苏东坡所自言的"然吾于渊明，岂独好其诗也哉？如其为人，实有感焉"句为出发点，本书将苏东坡以陶渊明为镜鉴所展开的探索归成为人、为诗、为学三个方面，具体展开如下：

在为人即人格映照部分，苏东坡最为欣赏的陶渊明的人格品质即是陶渊明的任真自然，苏东坡对陶渊明的这一推重又通过对陶渊明原作中一些诸如睡、酒、北窗等意象的反复宣说，化入自己的血脉深处，借此，苏轼进一步醇化自己任真、自然与兀傲的性情。睡之意象所代表的，经常是一种闲洁兀傲的性格特征，酒最能代表的则是任真适意而精神自由的境界。一般兀傲任真的人，似乎最不近人情，然而朱光潜对陶渊明的看法却是"在处处最近人情"①，苏东坡亦有着"上可以陪玉皇大帝，下可以陪卑田苑乞儿"的广阔容人胸襟，因此在闲洁兀傲、任真适意之外，我们又将笔触转到陶渊明与苏东坡在亲情、友情、乡里之情以及怀古之情等层面的契合上，以此来更为饱满地对苏陶二人在人格方面的对话进行探讨。

在为诗方面，苏东坡自遭受乌台诗案的打击之后，陷入了"诗笔殊退"的困境，他努力寻求学诗的新对象，而在黄州时期的躬耕体验，让他从心态上贴近陶渊明，进而将陶渊明的诗风引为自己的诗学理想。结合着对陶渊明的取法以及自身的生活经历，苏东坡转化了诗材，并在语言、用典、风景书写、情感表达以及结构衔接方面努力贴近陶渊明的平淡自然之风，并在写诗自娱、著诗不朽层面，与陶渊明取得了很深的默契。

至于为学方面的对话，主要指的是苏东坡借对陶渊明的人生困惑的接近为切入点，来展开自己的人生思考，这一思考方式又主要以追和陶诗的方式展开。苏东坡经常以佛老的观点来重新观照陶渊明的困惑，又以陶渊明的视野来融通佛老，由此实现了佛道儒的巧妙融合。以此为背景，苏

————————————

① 朱光潜著:《诗论》,长沙:岳麓书社,2010 年,第 247 页。

轼实现了为臣原则的新突破，归隐方式的概念性变通，以及以扎根现实为策略的对生死的超越。

综上，苏东坡借由与陶渊明这一异代知音进行跨时空对话的方式，实现了从人格到诗艺更到心灵的全面探索与反思。由此，苏东坡得以在追古而即古的路径中，排遣内心的孤独，消解老境的艰难，觅得情感与智慧的光焰，以此温暖心灵，照亮当下，进而得以心舒神宁地在政治与物质的风雨中从容前行。

附　录

逆旅幽独僧为伴，诗法相长此心安

——苏轼与道潜、佛印交游同异之探析

一、引言：苏轼与道潜、佛印交游的同异

苏轼一生当中结交过很多的方外之人，单是被收录进其诗文集的有名有号的道家逸士、佛门子弟就不下百人。苏轼七岁在家中见眉山老尼、八岁师从道士张易简，可谓是少时好道，以此为端，终其一生都与佛老诸公结缘。其中最为重要的是苏轼与道潜（参寥子）、佛印（了元）之间的交游。兹以苏轼与释老诸公的书信往来为例，收录在册的写给道潜的书信共 21 封，写给佛印的有 12 封，在数量上远高于写给其他僧人的书信。若以交往过程中的感人肺腑论处，最绕不过的是苏轼与道潜的交游；至若不拘泥于礼数的真性自如之交往趣闻，则以苏轼与佛印的交游为多。道潜与佛印，对苏轼的影响，无论是在创作还是精神层面都远高于其他方外之人，因此当后代的传记、笔记作者在考量苏轼的朋友时总绕不过这两个人。

（一）苏轼与道潜的交游始末

在南宋人潜说友编的《咸淳临安志》卷七〇中有道潜生

平的相关记载:"道潜,於潜人,字参寥,本姓何,幼不茹荤,以童子诵《法华经》度为比丘。于内外法典无所不窥,能文章,尤喜为诗。"然在明陶宗仪《说郛》卷二九中则记为"参寥子者……俗姓王氏,杭州钱塘县人";明彭大翼《山堂肆考》卷一四九中的"妓求诗"中有言:"宋僧道潜,姓王。"在对前引资料进行比较分析后,笔者认为当以南宋潜说友之说为准,以其离北宋更近,所言更具信度。

道潜的法名原是昙潜,苏轼将其改成道潜,在哲宗朝时得"妙总大师"的赐号。

苏轼与道潜交游之始,据孔凡礼先生的《苏轼年谱》记载,当为元丰元年(1078)秋季事。时苏轼知徐州,道潜访苏轼于彭城,并以诗《访彭门太守苏子瞻》记之,苏轼也将道潜来访一事写成《秋末道潜来访》一诗。诗文互动中流露出初见的两人对彼此存有的好感。在初见之前,二人已知彼此的存在,这点可由前提道潜诗作加以印证:"前年闻公适吴会,壶浆跪道人争迎……朝吴暮楚失邂逅,惝悦夜梦还惇惇。"《苏轼年谱》中则记载了苏轼对道潜的欣赏,熙宁四年时,苏轼"传经临平,见道潜诗,甚称赏";又熙宁七年八月,苏轼曾同"毛君宝、方君武访参寥、辩才,遂游西菩山,未晤道潜"①。

---

① 孔凡礼撰:《苏轼年谱》卷一二,北京:中华书局,1995 年,第 214 页。

　　虽有失之交臂之憾，然以道潜千里走彭门主动探访苏轼为开端，二人开始了长达三十多年的深厚友谊。元丰二年（1079）苏轼移知湖州，四月到高邮，与道潜、秦观重逢，几人同游无锡、过松江，直到五月后，道潜才前往杭州。其间与苏轼书信往还、和诗不断。不久，苏轼遭乌台诗案，贬谪黄州，境地凄苦。道潜先是以书简相慰，再于元丰六年（1083）年三月自杭往黄，馆于东坡雪堂，伴其度过在黄州贬谪生涯的最后阶段，并随苏轼移汝，于九江相别。此后，一直到元祐四年苏轼再度仕杭时，这对亲密的朋友才再次会面。这段时间，二人相见甚繁。后，苏轼再次经历政治风雨，远贬惠、儋，此间道潜不仅遣人相访，还不顾年高路远而打算亲自转海相访，被苏轼来书力劝才罢。绍圣三年（1093）道潜因苏遭罪，编管兖州，于建中靖国元年（1101）苏轼自岭海北还时才重入佛门。于此际遇，道潜心无芥蒂，继续与苏轼书信往来，并在苏轼北还时寄诗表达早日相见的期盼。七月，苏轼逝于常州，为这一段年久情深的友谊画上了句点。道潜深以为憾，一连写下十多首悼词，以表心中悲痛。

　　（二）苏轼与佛印的交游始末

　　佛印，法名了元，俗姓林（一说俗姓谢，名端卿），字觉老，号佛印。关于佛印生平，详载于《五灯会元》《禅林僧宝传》《佛祖历代通载》等书中。他从两岁起开始读《论语》，五岁时诵诗三千首，后随师读五经，渐通大义。因在竹林寺读《楞严经》而产生出家念头，得父母之允后，到宝积寺师从僧人日用。后以诵《法华经》通过官府考试，正式剃度具足戒成为僧人。《苏轼年谱》中记载："了元属云门宗，乃青原下十世，开先暹禅师法嗣，全称南康军云居山了元佛印禅师。饶州浮梁林氏子，有盛名，神宗尝赐高丽磨衲金钵以旌之。"曾任庐山开先寺、丹阳金山寺等多座佛寺的住持，在僧俗徒众中享有很高声誉。

　　《苏轼年谱》中，并没有苏轼与佛印起交于何时的确切记载，与二者相关的传记中也无特别说明。一般认为佛印是苏轼贬居黄州时新结识的僧友，然二者比较确定的结识时间应在元丰二年（1079）。虽然关于苏轼与佛印交游的研究资料相对少且零碎，然仍能从《苏轼年谱》的相关记载、苏轼所写的《与佛印十二首》书简及其他相关诗文的记录中大略窥知二人的交往始末。其略为：元丰三年，苏轼居黄，"了元屡来书，求记云居。（苏轼）答简请稍宽假"。元丰五年，苏轼搜集怪石赠佛印，并作前后《怪石供》。元丰七年苏轼奉召前往汝州，途经江西九江庐山；后闻佛印前来，遂与参寥子重返匡庐作《观潮》诗，或云诗为佛印所作；又于金山互赠东坡玉带与云山衲衣。元丰八年，于瓜洲请归阳羡，佛印来瓜洲亲迎，献一佛偈："赵州当日少谦光，不出三门见赵王。争似金山无量相，大千都是一禅床。"应佛印之请，写《楞严经》，并由佛印出面刻印流传；东坡记录佛印为其所烧猪蹄被窃一事。从流传下来的一些生动有趣的故事中，可推知，苏轼在谪黄移汝的时段内，与佛印进行了颇多交流探讨。苏轼回京后，曾致简佛印，表达自己荒疏佛法的惭愧。在绍圣二年（1095），苏轼远贬惠州时，佛印着人捎书与东坡，劝解苏轼要寻得自家本来面目。二人交游以绍圣四年佛印逝世一事画上句点，对于佛印的离世，苏轼著诗录之。

二、苏轼与道潜、佛印交游的同异

（一）苏轼与道潜、佛印交游的相同之处

1. 诗书往还，以文会友

林语堂先生在他的《苏东坡传》中援引了东坡写给他的友人的一封信，信中写道："我一生之至乐在执笔为文时，心中错综复杂之情思，我笔皆可畅达之。我自谓人生至乐，未有过于此者。"①正因为写作是东坡的人生至乐，且他又是一个乐于分享的人，所以在与人交往时，他也习惯将自己的"至乐"通过诗文与书信等媒介与人分享，虽然该方式不比见面亲近，却同样富有乐趣。具体到他与道潜、佛印的交游中也是如此。

自道潜千里走彭门与苏轼建立友谊开始，二人就常常

---

① 林语堂著，张振玉译：《苏东坡传》，武汉：长江文艺出版社，2009 年，第 22 页。

写诗唱和、书信往还。苏轼十分称赏道潜诗中表现出来的清绝、清熟之气韵,这可从他的《与文与可(九)》一信中窥知,信中有言"近有一僧名道潜字参寥,杭人也。特来相见。诗句清绝,可与林逋相上下"①,并且以阅读道潜的诗作为乐事、慰事,尤其是幽处黄、惠、儋的苦闷贬谪期内。自徐州别后至岭海北还期间,虽因资料不足原因,无从考察道潜写给苏轼的书简,却可从苏轼写给道潜的 21 篇书简中推知彼此间的往来不断。而无论是相别或是共处,二者都有大量的诗文往还。二人借由这样的方式,传情达意,相知日深。这样的情谊,给处于宦海风波中的苏轼带去了极大的安慰,让他不至于耿耿于凄寂的境地,且能够在汲取温暖的基础上进一步实现对痛苦人生的智慧超越。苏轼对此十分感激,因此在他写给道潜的信中常以"以慰孤疾""并示近诗,如获一笑之乐,数日慰喜忘味也"②等字句来表达他内心中的感佩之情。

苏轼与佛印,亦有大量的诗文互动。元丰三年苏轼谪居黄州,"了元屡来书,求记云居。(苏轼)答简请稍宽假",由此可推知,二人在这段时间里有着十分频繁的书信往来,

---

① 曾枣庄、舒大刚主编:《三苏全书·苏轼文集》卷七七,北京:语文出版社,2002 年,第 13 册第 376 页。

② 曾枣庄、舒大刚主编:《三苏全书·苏轼文集》卷七五,北京:语文出版社,2002 年,第 13 册第 330 页。

并逐渐建立起了亲密的关系。在谪黄期间（1080—1084），佛印恰为庐山归宗寺住持，两地仅一江之隔，因着地利之便，苏轼常与他进行诗文互动。此间，苏轼曾将收集得来的数百枚怪石赠予佛印，并"戏作《怪石供》一篇"①。苏轼离黄回朝除礼部侍郎任翰林期间，感叹都下人事之可畏，并在《与佛印(七)》简中，发出了"复欲如去年相对溪上，闻八万四千偈，岂可得哉"②的惋叹。从初相识（1079 年）到佛印去世（1097 年）二者均未断过书信往来。而从苏轼竟就佛印为他所烧的猪蹄被窃这一区区细事，都发而为《戏答佛印》一诗，可推知当日二人诗文往来的频繁情状。统计相关文集后得知，苏轼写给佛印的书信共 12 封，外加《轶闻汇编》3 封，多于苏轼写给除道潜之外的其他僧人的书信数目。这些往还的书信，让苏轼的内心更加温暖、清净，为其从容应对人生风雨提供了助力。

2. 探幽访胜，乐以山水

"他(苏东坡)是爱自然的诗人，对人生抱有一种健康的神秘看法。这个看法永远与深刻精确的了解自然密不可

---

① 曾枣庄、舒大刚主编：《三苏全书·苏轼文集》卷七五，北京：语文出版社，2002 年，第 13 册第 333 页。

② 曾枣庄、舒大刚主编：《三苏全书·苏轼文集》卷七五，北京：语文出版社，2002 年，第 13 册第 335 页。

分。"① 苏东坡作为一个具有"麋鹿性"的热爱自由之人，自然深谙"水光山色与人亲"是说不尽的万般好，也因此他热爱着一切自然的物事，并以"独专山水乐"的方式，赢得了"至今清夜梦，耳目余芳鲜"② 的惬意自如。他骨子里的博爱精神又使他乐于分享，因此在行动中他奉行着"独乐乐不如众乐乐"的原则，与各路亲故登山临水，在云烟清流间快意生平、畅欢当下。

《百步洪》诗前的序言中写道："定国既去，逾月，复与参寥师放舟百步洪。"以此发端，苏轼与道潜在日后的交往中多有同游山水的经历。参考《苏轼年谱》及苏轼本人的相关诗文可知，苏轼与道潜先后同游过惠山、吴江垂虹亭、武昌西山，访定慧院海棠，过慈湖观瀑布等。见之于世的关于苏轼与佛印同游山水的文字记载则不多，仅元丰七年（1084）游江西庐山、元丰八年登镇江妙高台两次。不过，从流传下来的轶闻趣事，尤其是明人魏学洢所写的《核舟记》中关于苏东坡、黄鲁直、佛印三人同游赤壁的生动图景来看，两人同游山水的次数怕不止两次。虽在考证之下得知黄鲁直与佛印并未参与苏轼二次泛舟赤壁的行迹，但是从中，却能从侧面窥知苏轼与佛印亲山乐水的形象早已

---

① 林语堂著，张振玉译：《苏东坡传》，武汉：长江文艺出版社，2009 年，第 141 页。

② 〔宋〕苏轼著：《怀西湖寄晁美叔同年》，第 644—645 页。

深入人心,而这样的印象恐怕并非区区两次同游经历所能产生。

3. 礼物往来,情真意切

道潜与佛印展现出了方外之人的潇洒之姿,故而与苏轼进行的更多的是形而上的交往,只是他们偶尔也会"误入尘网",效仿世俗中人的做法进行些具体的互动,相赠礼物便是其中的方式之一。借由这样的互动,既加深了彼此间的友谊,又极具人间情味。

苏轼写给道潜的信中,记载了二人互赠礼物的相关情况,《与参寥子(四)》中有"黄州绝无所产,又窘乏殊甚,好便不能寄信物去,只有布一匹作卧单。怀悚,怀悚!"写此信时,苏轼处境十分艰难,在他的《答秦太虚(四)》中有具体的描述,"初到黄,廪入既绝,人口不少,私甚忧之"。然而即便处于如此窘迫之情状,苏轼一家仍旧省吃俭用以为道潜攒下一匹布料,于此可见苏轼对道潜的深厚情谊。另,在苏轼所写的《与参寥子》第八简中有言:"近递中附吕丞相所奏妙总师号牒去,必已披受讫。"虽只微言数语,却可看出苏轼为道潜取得妙总师号一事所做的奔走与努力。

道潜更是时刻惦念苏轼的处境,在苏轼艰难之际,道潜在条件允许的情况下都亲到苏轼身边陪伴他共渡难关,若不能亲往,也屡屡寄诗歌、书信等物件以宽慰苏轼之心。在这些具体可感、令人动容的交往细节之外,道潜也赠苏轼礼物，以此来使双方的关系变得更为亲厚，《与参寥子（十一）》中，苏轼记载了道潜赠送弥陀像一事，其文为"弥陀像甚圆满，非妙总留意，安能及此？"而这一弥陀像正是绍圣元年（1094）苏轼在定州接到南贬英州的朝命时，在匆促中收入行囊的很重要的一份物件。于此，可知道潜对苏轼的知心，也可看出苏轼对道潜的重视。

如果说，苏轼与道潜的礼物往还充满了温馨细腻的人间情味的话，那么苏轼与佛印之间的礼物往还则显得诙谐有趣。《苏轼年谱》中关于苏轼与佛印二人互赠礼物的内容，有两次明确的记载。第一次是在元丰五年（1082）："五月，（苏轼）以怪石供了元（佛印），作怪石供。"是年，苏轼居黄州，佛印主持归宗寺，二人仅相隔一江。苏轼将自己用炊饼与孩童换来的298枚怪石，用一只古铜盆装着送给佛印，并在所撰写的前后《怪石供》中称赞佛印是用悟道的眼光观察一切的超凡之人。第二次的礼物相赠，见于多处典籍，然在发生的时间及具体的细节上微有出入。《苏轼诗集》卷二四的《以玉带施元长老元长老以衲裙相报次韵二首》一诗中自注为：

> 佛印禅师，住持金山寺，公便服入方丈。
> 师云："此间无坐处。"
> 公戏云："暂借和尚四大，用作禅床。"

　　师曰："山僧有一转语，言下即答，当从所请；如稍涉拟议，则所系玉带，愿留以镇山门。"

　　公许之，便解玉带置几上。

　　师云："山僧四大本无，五蕴非有，内翰欲于何处坐？"

　　公疑议未即答，师急呼侍者云："收此玉带，永镇山门。"

　　公笑而与之。师遂取衲裙相报。因有二绝，公次韵答之。

　　在《五灯会元》的记载中，则以佛印为师，以东坡为士，故事也转化为："士不能答，遂留玉带。师却赠以云山衲衣。"孔凡礼先生的《苏轼年谱》则省去其中婉曲，只作客观的记录："在金山，（苏轼）以玉带施了元，了元报以衲裙，为作诗。"由于年深日久，早已无从考证到底是东坡因不能答而输却玉带，还是了元急"抢"玉带，唯一能够说明的只是二人有心赠对方礼物的浓浓情谊。

　　（二）苏轼与道潜、佛印交游的相异之处

　　1. 交往方式与特色的差异

　　（1）苏轼与道潜：诗法互启，相濡以沫，矩度之内形而神

　　自元丰元年（1078）苏轼与道潜定交始，到东坡去世止，二人之间从未断绝过往来。道潜以一己自由身千里走彭门，拜访东坡后盘桓多日乃去。在东坡贬谪黄州的后期，

又由杭赴黄专门探望陪伴东坡。在东坡二度官任杭州时，道潜亦在杭州境内。在这些时段内，二人或同游山水，或谈禅说诗，往来十分频繁密集。相逢之外，也有大段的分别时日，二人便以书诗为媒介，维系并发展着彼此的友谊。

道潜，在苏轼的眼中，是僧人更是诗人，与苏轼十分投契，这份投契化而入诗行便是："算诗人相得，如我与君稀。"① 于此，可见东坡与道潜的相知之深，而诗正是这份相知的一个关键媒介。初知道潜时，还是在熙宁四年（1071），东坡前往杭州，在附近的一个名为临平镇的地方见到了道潜的题诗："风蒲猎猎弄轻柔，欲立蜻蜓不自由。五月临平山下路，藕花无数满汀洲。"②苏轼大为称赏，并记住了这位聪慧的僧人。七年后（元丰元年），道潜在拜访东坡时，呈上了自己的诗作，对道潜的诗作深为赏识的苏轼，说道潜的诗作是"新诗如玉屑，出语便清警"③。自此而后，二人多次唱和往还，以诗润情，兹以道潜诗作为例，潜诗题目或序言中直接与东坡有关的诗作共计 37 首，而流传于世的道潜诗只近 600 多首，占了二十分之一多，由此可知道潜与苏轼诗文往还的频繁，亦可推知苏轼与道潜的诗文相得。道潜的这些来诗，对

---

① 陶文鹏、郑园编选：《苏轼集》，南京：凤凰出版社，2006 年，第 220 页。

② 〔宋〕道潜著：《临平道中》，《全宋诗》，北京：中华书局，1986 年，第 10723 页。

③ 〔宋〕苏轼著：《送参寥师》，第 906 页。

于处于困境中的苏轼无疑是一个安慰,苏轼在写给道潜的信简中表达了他的感激之情,《与参寥子(二)》(黄州时期)有"见寄数诗及近编诗集,详味,洒然如接清颜听软语也",《与参寥子(十七)》中(南迁期间)则写到"示近诗,如获一笑之乐,数日慰喜忘忧也"。

诗文往还之余,二者也进行过大量佛法义理的探讨。于道潜而言,虽则"通了道义",但也拘泥于禅宗所提倡的"不立文字"的理念,苏轼则以"诗法不相妨""此于至道,殊不相妨,何为废耶"① 等言论相以开解,使得道潜放下心中负担,既精研道义又不废诗文。而道潜的为诗、行事,也让苏轼在道义上有所领悟,于写作上更是得到启发:"欲令诗语妙,无厌空且静。静故了群动,空故纳万境。"② 因此领悟,苏轼所写的诗作更臻极境。

然而,相较于诗法互长的交游特色之外,还有一个更为突出的特点即"相知",无论是《八声甘州》一词中的"有情风……算诗人相得,如我与君稀"的相知意思的流露,还是《与参寥子(十三)》中写到的"知识中有忧我者,以是语之"的信任嘱托,乃至《与参寥子(十八)》中所言的"相知之深"的表露等,均可看出苏轼对道潜的信任与亲厚。而能

---

① 曾枣庄、舒大刚主编:《三苏全书·苏轼文集》卷七四,北京:语文出版社,2002年,第13册第325页。
② 〔宋〕苏轼著:《送参寥师》,第906页。

赢得这样的信任,除了二者的诗法互进外,还与道潜所具备的道德高风有关。前文已提到,道潜远赴彭门只为拜访东坡,又亲往黄州以解苏轼谪居的苦闷,居杭时二人之间更是密切往还。在这些时期内,道潜除与东坡进行诗法互探之外,也深交于日常生活中,《东坡志林》卷一的《记梦参寥茶诗》记录了东坡夜梦道潜携饮茶诗拜访东坡的故事,而《东坡志林》卷三中的《参寥求医》一文则写了道潜为治病而急迫地向东坡求书画却遭东坡戏弄的故事,《东坡志林》卷二的《付僧惠诚游吴中代书十二》中提及"世所知独其(道潜)诗文,所不知者,盖过于诗文也"。从如前提及的这些饱含日常生活情味的记载中,可以想见二人平素里的密集交往了。

道潜与苏轼的交游,亦含有戏闹的成分,但是真正稳固这段友谊的实是两人之间的相知相惜、相濡以沫的平实往还,由此也不难明白为何莫砺锋先生要将道潜纳入苏轼"相濡以沫的患难之交"[①]的名单中,且认为"他(道潜)堪称东坡最知心的方外之友"了。

（2）苏轼与佛印:谐趣横生,佛法相长,放浪形骸显神交

苏轼与佛印,一个是誉满天下的才子,一个是佛法精深

---

① 莫砺锋著:《漫话苏东坡》,南京:凤凰出版社,2008 年,第 36 页。

的和尚，二人往来虽亦有"远公沽酒饮陶潜"的高雅深邃之情形，但更为常态的情景却是"佛印烧猪待子瞻"的谐趣横生。在佛法禅机方面，佛印以其精深的佛学修养，堪称苏轼的师长，然而面对着苏轼这样一位超凡绝俗的学生，佛印并不以一般和尚讲经说道的寻常刻板的方式，对苏轼进行说法传道的工作。他充分了解苏轼是一个极具慧根又富有文学敏感的人，佛印本身亦风流潇洒，在这样的基础上，佛印将佛法禅机对应着大千凡尘，寓禅机于戏谑，于玩笑中提点苏轼顿悟菩提。

　　世所流传的关于苏轼与佛印交游所发生的有趣又富有哲理意味的故事中，有很多是涉及二人间的斗智斗勇的，且大多以对对子或"斗机锋"的形式出现。他们在对对子时充满了戏谑的意味，如有次苏轼为了打趣佛印是鸟僧，就举了"时闻啄木鸟，疑是叩门僧""鸟宿池边树，僧敲月下门"两个例子，并表明自己欣赏古人以"僧"对"鸟"的聪明；而佛印的反应也着实灵敏，他并不反驳，只顺势说这些例子道出了自己为何以"僧"的身份与苏轼相对而坐的理由。有时他们也会超脱口头上的对句形式，利用彼此的默契，借由眼神与动作的会意，产生佳对。据说有一次苏轼与佛印泛舟游于大江之上，美景当前，生发了对对子的兴致，佛印索句于东坡，东坡只是往河岸上看看，笑而无语，其时眼前所见的正是岸上有条大黄狗在兴味盎然地啃着骨头。佛印

以笑为报,不慌不忙地将拿在手中的题有东坡诗句的折扇
抛入水中。在抚掌大笑的相对无言间,一副绝妙的双关拟
音哑联已经出炉:狗啃河上(和尚)骨,水流东坡诗(尸)。

"机锋"是一个禅林术语,又作禅机,是一种检验人的
境界与修为的方法。苏轼在与禅门中人往来时,喜欢与他
们斗机锋,以此来检验自己的佛学知识、心性修养所达到的
程度。据说在黄州期间,苏轼做了一首极富禅味的诗,诗为:
"稽首天中天,毫光照大千。八风吹不动,端坐紫金莲。"此
诗在赞佛之余也暗含自己从容于宦海风波的意味。苏轼揣
着一腔得意遣人将诗歌带给佛印,佛印看后只批了两个字
"放屁",又交予来人送还苏轼。苏轼气急败坏地找佛印理
论,佛印只淡淡地说,"八风吹不动,一屁打过江",短短一
句就点出了苏轼在境界修养上的有待提高。

这些轻松诙谐的故事大抵发生在二人相聚的时段里,
但二人离别的时间更为久长,他们这段友谊实是聚少离多。
然而正如爱情一般,有一见倾心型,也有日久生情型。苏轼
与佛印的友谊,更倾向于倾心的类型,他们友谊深厚的最为
关键原因,是二人的深刻投契,基于这种投契,他们以神交
的方式继续维系且加深着彼此的友谊。无需同榻而眠、灯
前促膝,亦无需千里追随,只消短短书信中的寥寥数语,便
可领会对方的所思所想。在苏轼写给佛印的书信中,屡屡
提到佛印所来书简对苏轼的"旷若发蒙"或"读之,如蓬蒿

藜藿之径而闻謦欬之音,可胜慰悦"^①的作用。其中,最为世人所津津乐道的是在绍圣二年(1095)的一段轶事。《苏轼年谱》卷三四中载:"东坡在惠州,佛印居江浙,以地远无人致书为忧。有道人卓契顺者,慨然叹曰:'惠州不在天上,行即到矣。'因请书以行,佛印因致书云:

　　常读退之《送李愿归盘谷序》,愿不遇知于主上者,犹能坐茂树以终日。子瞻中甲科,登金门,上玉堂,远放寂寞之滨,权臣忌子瞻为宰相耳。人生一世间,如白驹之过隙,二三十年富贵转眄成空,何不一笔勾断,寻取自家本来面目,万劫常住,永无堕落,纵未得到如来地,亦可骖驾鸾鹤,翱翔三岛,为不死人,何乃胶柱守株,待入恶趣。昔有问师,佛法在甚么处?师云:在行住坐卧处,着衣吃饭处,痾屎刺溺处,没理没会处,死活不得处。子瞻胸中有万卷书,笔下无一点尘,到这地位不知性命所在,一生聪明要做甚么?三世诸佛则是一个有血性汉子。子瞻若能脚下承当,把一二十年富贵功名,贱如泥土。努力向前,珍重珍重也。"^②

　　佛印这一封书简可谓理路通透、境界高远,而苏轼作为

<hr />

　　① 曾枣庄、舒大刚主编:《三苏全书·苏轼文集》卷七五,北京:语文出版社,2002 年,第 13 册第 336 页。

　　② 孔凡礼撰:《苏轼年谱》卷三四,北京:中华书局,1998 年,第 1191—1192 页。

一个聪敏的人物或难免迷障一时，但在佛印的提点下，必能迅速提炼出其中的事理，从而遣散是非，进而逍遥无碍。晚年的苏轼能够在艰险的贬地环境中悠然从容地生活下去，能够与迫害他的政敌达成和解，想必与佛印此则来简中的巨大教化作用有一定的关系。

2. 交往群体之区别

（1）平生师友间，喜忧君相依：苏轼、道潜、秦观

书信往来，尤其是以个人为名义的书信往来，是属于极为私人的事，相对于公开的诗文来说，更贴近作者内心。苏轼写给道潜的书信总计21封，中有4封提及秦观，包括《与参寥子（二）》中的"亦以不一别参寥、太虚为恨……思念二公不忘心"、《与参寥子（五）》中的"有便至高邮，亦可录以寄太虚也"、《与参寥子（十一）》中的"秦少游作史官，亦稍见公议"及《与参寥子（十九）》中的"少游不忧其不了此境，但得他老儿不动怀，则余不足云也"。而在苏轼写给秦观的七封书信中，也对道潜大加赞誉，集中表现于《答秦太虚（一）》中，"参寥至，颇闻动止为慰……参寥真可人也，太虚所与之，不妄矣……诸事可问参寥而知"。由此可知，苏轼、道潜、秦观三人之间，实是建立起了深厚的友谊，既有两两之间的单独往来，又互为中间桥梁了解彼此消息、增强彼此好感，从而不仅稳固了两两相交的情谊，还形成了三人之间的友谊铁三角。

在此，不妨梳理下道潜与秦观、秦观与苏轼之间的交游
概况。道潜为秦观所写的悼词《哭少游学士（三）》中提到"瓶
盂客京口，仿佛熙宁末。君方驾扁舟，归来自苕雪。中泠忽
相值，倾盖忘楚越"①，此诗交代了道潜、秦观二人初次相会
的信息。自此之后，二人或同游山水，或谈禅论诗、书信往
还，或伴行苏轼，谱写了一曲情真意切的友谊赞歌。至于秦
观与苏轼之间的交游，据《苏轼年谱》卷一七载："秦观入
京应举，过徐，首次见苏轼，呈诗，轼次韵。"此为元丰元年
五月间事。该年秋末，道潜亦过徐州访苏轼。由此可知，道
潜结识秦观的时间早于秦观结识苏轼的时间，道潜与苏轼
的正式交结是最晚的，即元丰元年九月间事。

由于现实的原因，三人之间实是聚少离多，在这种情况
下，他们就以尺素传音、诗文往还的方式，来实现消息的互
通。在条件允许的时候，他们则一起快意山水、论文说法。
三人第一次同游的时间为苏轼由徐移湖经过高邮时，《苏轼
年谱》写道"至高邮，见道潜、秦观，遂载与俱"②，又"与道
潜、秦观游惠山，览唐处士王武陵、宝群、朱宿所赋诗，皆次
韵"③，此次同游月余，终以"观旋适越，道潜适杭"④作结。

① 〔宋〕道潜著：《哭少游学士》，《全宋诗》，北京：中华书局，1986 年，第
10796 页。
② 孔凡礼撰：《苏轼年谱》卷十八，北京：中华书局，1995 年，第 433 页。
③ 孔凡礼撰：《苏轼年谱》卷十八，北京：中华书局，1995 年，第 434 页。
④ 孔凡礼撰：《苏轼年谱》卷十八，北京：中华书局，1995 年，第 434 页。

在一个多月的朝夕相处中，三人游兴不减、唱和不断、相知渐深，为日后三人友谊的进一步发展打下了深厚的根基。此后，苏轼卷入乌台诗案，秦观在深信苏轼的忠正无辜外，一直探听苏轼案件的最新进展，并在苏轼贬谪黄州后立即捎信致以问候；而道潜亦在苏轼谪黄后致信慰安。当苏轼身陷囹圄之际，同作为挂心苏轼安危的道潜与秦观，则以或诗或信的往来方式分享着彼此之间对苏轼的相信与挂念。在此后的分离时段中，苏轼、道潜与秦观三人之间，均将他们对彼此的情谊与关心融于文字，再从中汲取丝丝暖意以度过幽独愁闷的人生。以苏轼为核心的这个交游小团体，固然有诗文上的仰慕，更多的却是知己般的相系，是坎坷人生中的真情慰藉。

（2）潇洒绝尘俗，即兴不劳媒：苏轼、佛印

明人魏学洢曾经写过一篇名为《核舟记》的文章，文章介绍了一个工艺品——核雕小舟，舟上有人物苏东坡、黄鲁直及佛印诸人，三人均是放荡洒脱的形态。这一作品暗示着后人对于东坡、佛印及黄鲁直所形成的印象，然而就可查阅到的资料来看，三人之间并无同游经历。见诸记载的大多是苏轼与佛印二人间的往来，而绝少第三人的参与。《苏轼年谱》中倒有一则关于三人行的明确记载，一次，苏轼与佛印同游，佛印弟子自顺亦在侧，游玩结束后，苏轼询问有谁记得路上所见石碑之内容，自顺诵念出了十分六七，颇得

苏轼赏识。此外，尚未发现其他可证苏轼与佛印交往有其他人在侧的资料，而前引例子中的同游之人对于苏轼与佛印友情的维系与发展并未起到作用。苏轼与佛印之间友谊的深厚，纯粹是由于苏轼与佛印二人本身自具的魅力对对方的吸引，纯由二人的直接互动而实现。

苏轼与佛印交往时，更多地展现出了潇洒旷放的狂士之风，放下种种繁文缛节，更加注重彼此之间的兴尽神会，而绝少情感上的粘结。然而这并不意味着二人情谊的淡薄，"佛印烧猪待子瞻"的戏谑绝尘，同样是佛印对东坡的深情厚谊。诸如此类的轻松诙谐事迹，唯一说明的是，苏轼与佛印之交游是有别于苏轼与道潜的一种心意相通的交往方式，而正因为这一些惊世骇俗的趣味相投，使得二人之间不能够也不需要将更多的人纳入他们的交游过程。

三、探究形成差异的原因

（一）苏轼个人的原因

1. 诗法不相妨，得趣脱拘泥：习染佛禅的态度及特点

苏轼生活在十一至十二世纪间，其时，中国封建社会的传统思想渐趋定型。彼时，自魏晋展开的儒、释、道三家的冲突与斗争已然趋于渗透与融合，形成了三教合一的共尊局面。禅宗作为开在中国本土的佛教之花，汲纳了儒、释、道三家的精华，在唐宋间以一种取代其他宗派的近于独尊

的强盛姿态绽放着。禅宗作为佛教中国化的终极产物，十分贴合文人士大夫的生活情趣和审美趣味，进而渗透进他们的生活诸方面，成为一种生活习惯，更被推尊为一种人生哲学。

身处在这样的时代氛围下，加之深厚的家学渊源，以及长期与佛门中人广泛交游，苏轼的身上印上了浓厚的佛家色彩。在习染佛禅的过程中，苏轼也同其他士人一样，注重修习佛法，领悟义理，以期明心见性并进而寻得安身之法。苏轼又表现出了有别于其他士人的特点，即苏轼习染佛禅，并非为了往生西方极乐，亦非为了进行学院式的本体询问，而是以一种"拿来主义"的为我所用的开放态度熔炼出随缘放旷、本色澄清的豁达境界，从而实现对痛苦的现实人生的智慧超越。

关于这方面，苏轼在《答毕仲举书其一》中谈得相当全面而清楚，于此不妨摘录其中的相关部分：

> 往时陈述古好论禅，自以为至矣，而鄙仆所言为浅陋。仆尝语述古，公之所谈，譬之饮食龙肉也，而仆之所学，猪肉也，猪之与龙，则有间矣，然公终日说龙肉，不如仆之食猪肉实美而真饱也。不知君所得于佛书者果何耶？为出生死、超三乘，遂作佛乎？抑尚与仆辈俯仰也？学佛老者，本期于静而达，静似懒，达似放，学者或未至其所期，而先得

其所似，不为无害……

　　这段文字，透彻地说明了苏轼习染佛禅的目的，特别是龙肉的比喻，可谓是"画饼"，以此比喻形而上的谈禅说道，虽则玄妙，终究于事无补；倒是猪肉来得实在，固然比不得龙肉美味，却是当真能用来饱腹的，诗人以此为喻来说明禅观之裨补人生的作用。"东坡是按着自己的心理需要理解禅的，不搞形而上的玄谈。"① 又苏轼曾在《夜值玉堂携李之仪端叔诗百余首读至夜半书其后》云："暂借好诗消永夜，每逢佳处辄参禅。"这两句诗点出了在苏轼眼中禅与诗在陶冶人的性情方面的功能是相关乃至相通的。在《寄吴德仁兼简陈季常》一诗中，苏轼提到："平生寓物不留物，在家学得忘家禅。"这两句诗说明苏轼深明禅宗经典《坛经》所说的明心见性、顿悟菩提、当下成佛的主张，并在现实生活的当下觉悟中得到解脱。而在《仆去杭五年吴中仍岁大饥疫故人往往逝去闻沪上僧舍不复往日繁丽独净慈本长老学者益盛作此诗寄之》又言"何时杖策相随去，任性逍遥不学禅"，这是一封写给僧人的信中出现的颇为矛盾的两句诗，细细分析可看出，苏轼非不学禅，他只是以一种任性逍遥的方式参禅悟道，如其为人与行文一般，充满着行云流水般的

---

① 张晶著：《禅与唐宋诗学》，北京：新星出版社，2010 年，第 34 页。

灵动与随性。

2. 阅世走人间，观身卧云岭：天性敏感

苏轼作为一个醉心为文的艺术全才，极为注重在生活或为官的经历中，培养对于艺术的敏感度。苏轼认为写作时，要有一种"得成竹于胸中"①的全局把握之感，而要达到这样的境地就应该"求物之妙"并且"使（物）了然于口与手"②。为此苏轼不断地观身阅世，大大提高自己的艺术敏感力。具备敏锐艺术洞察力的苏轼，又是一个善于融通的天才，因此在具体的生活情境中，他也能有效地运用其敏锐的洞察力。在面对不同的人物时，他能够非常迅速地挖掘出每一个人的不同品质与特色，并能够在此基础上择取有效回应朋友的方式，所以他既能捕捉道潜的情真与诗心，又能回应佛印的风流与洒脱。

3. 咸酸众味好，中有至味永：极大包容性

苏轼是一个融通儒、释、道三家思想的人，具有极为深广的思想包容性。此外，苏轼的宽广生活领域、丰富人生经历以及对自然与人生的极度热爱，也为其包容性的形成打下了良好的根基。对于苏轼的包容性，《苏轼年谱》中有一段很精辟的记录，具体为："涵芬楼《说郛》卷十二贾似道《悦生随钞》引《漫浪野录》：'苏子瞻泛爱天下士，无贤不

①　陶文鹏、郑园编选：《苏轼集》，南京：凤凰出版社，2006，第276页。
②　陶文鹏、郑园编选：《苏轼集》，南京：凤凰出版社，2006，第324页。

肖,欢如也。尝自言:上可以陪玉皇大帝,下可以陪卑田院乞儿……吾眼前见天下无一个不好人。'"[1] 因为苏轼具有这样的包容性,所以他可以与各行各业的人往来而逍遥无碍,包括诗人、药师、酒馆主人、王公贵胄等,而在与他的知己良朋相与伴行时,他更是显得游刃有余而从容洒脱。

4.人生多忧患,情理暖行迹:不同层面的需要

苏轼始终坚持立朝大节,在为官行政时总是秉性刚烈、一心为民,从不轻易附和当权者不合百姓利益的政策,在王安石变法之际反对各种新法对百姓的压迫;在司马光等旧党人士当政之际,又坚持着变法中对百姓有利的部分,因此触怒了新旧党派中的当权大臣,遭遇了乌台诗案的冤屈,自此之后除元祐年间的官位显赫外,其余时段均在荒僻的山巅水涯中度过。

经历了乌台诗案的人生大劫后,苏轼被贬黄州。初到黄州时,虽苏轼勉强承认自己是"罪大责轻"而在谪居之处"杜门念咎",也觉得"虽平生亲识,亦断往还"[2]是合乎情理的行为,然而敏感的内心实是能够感受到世态的炎凉与人情的冷暖,对于自己的未来亦是满含忧惧之思。黄州如此,惠州、儋州的遭遇亦然。斯情斯景下,任苏轼是一个再

---

① 孔凡礼撰:《苏轼年谱》卷二三,北京:中华书局,1995 年,第 624 页。

② 曾枣庄、舒大刚编著:《苏轼文集》卷七五,北京:语文出版社,2002 年,第 13 册,第 324—325 页。

豁达之人，也还是需要来自人群的温暖与劝解的，即苏轼既需要情感上的慰藉，也需要义法上的提点，从而摆脱如"缥缈孤鸿影"（《卜算子》）、"世事一场大梦"（《西江月》）般的惊惧、孤独及空虚之感，以此实现对痛苦人生的智慧超越。

（二）同于道者，道亦乐得之

美国心理学家弗里德曼在《社会心理学》一书中对于相似性有过如下描述："相似性对友谊模式的影响是广泛而重大的，在友谊、婚姻甚至简单的喜欢不喜欢中，人们都强烈地倾向喜欢那些和他们相似的人。人和人之间有共同的志趣，不但容易赢得对方的支持和共鸣，增加接受兴趣，还可以产生相互理解，不产生或减少产生误会。"亚里士多德则认为"真正的朋友，是一个灵魂孕育在两个躯体里"。苏轼和道潜虽然是性格颇不相同的两个人，但作为一个艺术全才，苏轼性情发展得十分全面，因此能够从不同的层面吸收来自或道潜或佛印的有益影响，并结合着自身的特性与经历实现不同层面上的提高。

1. 道潜：算诗人相得，如我与君稀

陈师道在《送参寥序》（《后山集》卷一一）中将道潜的特征概括为："释门之表，士林之秀，而诗苑之英也。"这句话准确地点出了道潜的本质即"合僧人与士人于一身的一位诗人"①。在这些特征当中，尤为苏轼爱重的是道潜出众的诗歌水平，在尚未谋面之前，苏轼就对道潜的诗作《临平道》中的"风蒲猎猎弄轻柔"等诗句大为称赏，在道潜走访苏轼后，二人更是缔结下了"超凡脱俗的文字之缘"②。"苏轼在骨子里始终是一位诗人，天赋的艺术气质，使他在与僧禅交游时表现出一定的倾向性"③，在他所结交的僧人中大多数都是有诗才的，道潜作为僧人中的杰出诗人，得到了苏轼的大力赞赏，并为道潜写下了一系列的赞诗，如《次韵僧潜见赠》中的"道人胸中水镜清，万象起灭无逃形"及《送参寥师》中的"新诗如玉屑，出语便清警"，他喜爱的是道潜诗中那不带一点"蔬笋气"的人间情味，偶尔也会故意派遣妓女如马盼盼者去向道潜索诗，道潜则以"禅心已作沾泥絮，肯逐春风上下狂"（《子瞻席上令歌舞者求诗戏以此赠》）的机智幽默而加以敏捷应对。

　　然而诗文佳者大有人在，苏轼之所以格外重视道潜，还因为二人有着共同的追求与旨趣，且道潜在苏轼落难失意时，总是时时挂念并且伴随在苏轼左右。苏轼为道潜所写的《参寥子真赞》中提到参寥子不为世人所知的五个方面，包括"身寒而道富，辩于文而讷于口，外尪柔而中健武，与

---

① 莫砺锋著：《漫话苏东坡》，南京：凤凰出版社，2008 年，第 37 页。
② 莫砺锋著：《漫话苏东坡》，南京：凤凰出版社，2008 年，第 37 页。
③ 梁银林著：《苏轼与佛学》，四川大学博士论文，2006 年。

人无竞而好刺讥朋友之过，枯形灰心而喜为感时玩物不能忘情之语"。苏轼本身就是一个融通儒、释、道三家思想的人，可谓是内蕴深广。而苏轼同样是一个喜欢刺讥别人之过，甚至不分场合的人，极为典型的例子是苏轼在与当政的宰相司马光政见不合时，直呼对方为"司马牛"；而在司马光的葬礼上，又戏笑程颢的过分拘泥于礼数的做法；对于其爱徒秦观所写词作中的女儿态，亦是不加掩饰地直接批评。在这些行为中，苏轼纯然出于好意或者好玩的心态，而绝无一丝半点的恶意。

在苏轼经历乌台诗案被贬黄州，平生亲故几断往还的情况下，道潜等人却千里致信问好，更在条件允许的情况下亲到黄州伴随苏轼，在苏轼官高位显的元祐年间则不去相遇与打扰，而在苏轼远贬岭海边的飘渺困厄时，又再次对苏轼嘘寒问暖，也因此苏轼在写与道潜的书信中，认为道潜是具有世外道德高风的人，从而发出"算诗人相得，如我与君稀"（《八声甘州》）的感叹。

2. 佛印：相从僧俗形骸外，戏说平生谈笑间

苏轼于元丰二年（1079）由徐移湖过金山途中初识佛印，二人友谊的升华则在苏轼谪居黄州期间（1080—1084）。《苏轼年谱》只明确记载了三次二人同游的故事，一次是佛印致简苏轼询问云居事宜，另一次是苏轼将搜集得来的怪石送给佛印，并作了前后《怪石供》，再一次则是

苏轼重上庐山与佛印同游山水一事。一些野史笔记则对二人在该阶段的交游生活做了丰富的发挥，其中虽有些故事失之夸张，但也存在着大量虽无法直接考证却不容辩驳的故事，诸如"八风吹不动，一屁打过江"之类的互动。

在查阅资料的过程中，笔者发现苏轼与佛印有着极为相似的地方。他们二人都是神童，这一相似的背景，使得他们在交往的过程中，更易于相互理解进而增加彼此的兴趣，以此深化彼此的情谊。《宋史》载："（苏轼）比冠，博通经史，属文日数千言。"而《五灯会元》中记载了佛印天才的相关事例："孩孺异常，发言成章，语合经史，闾里先生称曰神童。"

此外，苏轼与佛印都是不拘小节之人，二者之间常有一些惊世骇俗的"越名教而任自然"的风流倜傥之行止。如果说苏轼在乌台诗案前以儒为主，而热切盼望能够"致君尧舜"的话，那么当其被贬谪黄州前途无望时，他的外儒一面渐隐，内释一面则逐渐凸显，"此心安处是吾乡"（《定风波》）的随缘自适思想渐次成为其思想的主流，行止之间更多了一份从容豁达。而佛印虽是佛门中人，却在熟知东坡好吃烧猪之后，特意在寺院中为苏轼备了一只烧猪，此举实在是有违佛门清规，然而在这般惊世骇俗的举动中，映衬出了佛印的不拘泥于礼数、不隐藏、不伪饰的真性情。当两个真性情的人碰在一起，有如珠联璧合，必然会擦出很多火花。在这样不拘形迹的交游中，苏轼与佛印跨越僧俗界限，谈禅说法，纵论古今，在一种如鱼得水的融洽中，二人的友谊变得日渐深刻起来。

四、交游差异对苏轼的影响

（一）文学创作上

1. 道潜：虚静的文艺观、平淡自然的风格

苏轼写给道潜的书简中曾多次提及道潜的诗歌特色，如"三诗皆清妙"[《与参寥子（一）》]、"见寄数诗及近编诗集，详味，洒然如接清颜听软语也"[《与参寥子（二）》]等。无论是"清妙""清绝"抑或是"清警"，指向的都是道潜诗作的"清"之风韵。然而道潜诗中之"清"并非清瘦、清寒，他的诗"清"中别有一股人间情味，满含着对人世之风光人情的热爱。权以他最早为苏轼所称赏的名作《临平道中》为例："风蒲猎猎弄轻柔，欲立蜻蜓不自由。五月临平山下路，藕花无数满汀洲。"该诗描写了一幅风软花繁的热闹又清明的景致，读之能予人一种生趣及喜悦。而在他的《东园其二》中写有"隔林仿佛闻机杼，应有人家在翠微"之句，更是塑造出一个难以忘情于尘世的僧者形象，脉动在其诗作中的人间情味，尤为东坡称赏，因为东坡本就是一个热爱生活的诗人。此外，道潜十分追崇渊明，爱重他的平淡自然风格，并在诗作中多次提及自己的这一创作倾向，如

"谁构新亭近翠微,似教陶令恰天机(《虚乐亭》卷三)""少陵彭泽造其真,运斤成风有余地(《赠权上人兼简其兄高致虚秀才》卷一二)"等。在具体的创作中,也效法渊明,既有风格的相类,又有内容的相同,如他所写的《田居四时》诗,大有彭泽诗之自然风味。

作为与道潜建立起深厚情谊的苏轼而言,准确地把握住了道潜诗作中的"清"味及"情"韵,也对道潜诗文里所表现出来的不类其他诗僧的"无一点蔬笋气"的人间情味,发出了"颇怪浮屠人,视身如丘井。颓然寄淡泊,谁与发豪猛"(《送参寥师》)的疑问,并在同一首诗中给出了相关的解答,"欲令诗语妙,无厌空且静。静故了群动,空故纳万境",在细思的基础上,又与道家的虚静观相互阐发,渐渐形成了他的虚静创作观。在追配彭泽这一点上,苏轼与道潜可谓志同道合。苏轼自黄州时期便开始追和陶诗,但数量不多,晚年远贬岭海时则遍和陶诗,苏轼自云"吾于诗人,无所甚好,独好渊明之诗"(《苏轼文集》卷六六)[1],而渊明诗歌的最大特点即平淡自然。两个志同道合的朋友或诗文往还,或相以伴行、谈禅说诗,道潜于苏轼的"诗法不相妨"中坚定了写诗的信心,而苏轼则从道潜的身份与诗文的出入中得到了文艺创作观念上的启发,也进一步发展了其平

---

① 曾枣庄编:《三苏文艺思想》,成都:四川文艺出版社,1985年,第222页。

淡自然的诗文之风。

2. 佛印：诙谐的风格

苏轼晚年自岭海北还，遇见老友刘安世，相约同游，刘安世本懒于行走，后听得苏轼说要去拜会玉版禅师，才提起兴致与他同行，进山之后却只是吃竹笋而没有所谓的玉版禅师。苏轼为此写了一首《器之好谈禅不喜游山山中笋出戏语器之可同参玉版长老作此诗》加以调侃，具体为："丛林真百丈，法嗣有横枝（自注：玉版横枝即竹笋也）。不怕石头路，来餐玉版师。聊凭柏树子，与问箨龙儿。瓦砾犹能说，此君哪不知。"查慎行《初白庵苏诗补注》卷四五在诗后做了如下评价："此诗用尽禅家语形容，可谓善于游戏者也。"该诗典型地表现了苏轼的诙谐文风，而在苏轼的其他很多作品中都可捕捉到诙谐的因子，因此给后人留下了"东坡善嘲谑""东坡以文滑稽"等诙谐幽默的印象。

苏轼的多数诗文之所以具有诙谐之风的原因是多方面的，与僧人那充满趣味性的往还片段，尤其是苏轼与佛印禅师充满趣味的交往，便是其中一因。无论是"八风吹不动，一屁打过江"的大俗大雅，抑或是"佛印烧猪待子瞻"的惊世骇俗，还是衲裙玉带的礼物往来，都极富诙谐色彩。除却这些具体的交往细节外，苏轼与佛印还进行过大量极富趣味的对对子或斗机锋活动，且在交往中碰撞出智慧的火花。《苏东坡轶事汇编》引《画品》中载："东坡问佛印曰：'镀汤狱图,如何不画和尚?'佛印曰:'人间怕阎罗,阎罗怕和尚。'翁曰:'怕你作甚?'对曰:'若是阎罗有犯,亦要和尚忏除。'坡大笑曰:'好说,好说!'"[①]林语堂先生的《苏东坡传》中也写了些苏轼与佛印交游的充满趣味的片段,如有次苏轼与佛印同去寺庙,见着门口的两尊巨大金刚像,苏轼问哪一个重要,佛印的回答是拳头大的那个;而见着手拿念珠自求的观音菩萨,苏轼又问菩萨何以要自拿念珠又向谁祷求,佛印则给出求人不如求己的答案。

在与不拘泥于礼数又极富慧根的佛印禅师的充满机趣的交往中,苏轼自身的幽默乐观的性情被进一步激活,发而为诗文,更多了一份盎然而诙谐的趣味。

（二）人生境界:旷达

王水照与崔铭在他们合著的《苏轼传——智者在苦难中的超越》中写道,"在苏轼的身上,理智与情感的力量一向都是同样强大的"[②],因此,当苏轼途穷困厄时,既需要情感的慰藉,亦十分需要义法上的提点。若以此对应苏轼的朋友道潜与佛印的作为,那么道潜带给苏轼的更多是情感上的慰藉,而佛印给苏轼带去的则更多是义法上的提点,如此双管齐下,既温暖了苏轼的心灵,又通透了苏轼的理路,

---

① 颜中其编注:《苏东坡轶事汇编》,长沙:岳麓书社,2002 年,第 180 页。

② 王水照、崔铭著:《苏轼传——智者在苦难中的超越》,天津:天津人民出版社,2000 年,第 557 页。

使得苏轼能够在起伏之中保持旷达本色。

1. 道潜：情感上的慰藉

苏轼谪黄时，境况凄楚，友朋断交，这可从他所写的《答李端叔书》一文中的"平生亲友无一字见及，有书与之亦不答"[①]的描述中得到验证。面对此情此境，苏轼虽强自宽解，却仍旧不免生发忧惧凄怆之感。此时，来自于朋友的善意与温暖，都显得弥足珍贵，都能够深慰其心。道潜，就像苏轼情感上的及时雨一般，在身不能至时，亲寄书信致以问候，又寄去诗歌以排遣苏轼的苦闷；而在身能往之时，则不惮路远，亲伴苏轼身侧，在黄州谪地时一住期年，再同苏轼一道离开谪地。当苏轼远贬惠州时，则送弥陀之像并频寄慰信，贬谪海南时更是不惜年高路远打算转海访苏轼于山巅水涯，后因苏轼劝阻，更因受苏轼牵连被勒令还俗而无法成行。尤为难能可贵的是，道潜在受牵连后，依旧记挂苏轼安危，时时探听苏轼动向。

在道潜始终不离的极富情谊的关心与陪伴下，苏轼的心灵得到了极大的安慰，在一定程度上排解了内心的孤独、恐惧与愁闷，正如苏轼写给道潜的信中所说的一般"以慰孤疾""并增感佩""感慰之极"（《与参寥子》）等。可以说，道潜是苏轼情感与心灵上的慰藉，帮助苏轼经受住了来

[①] 曾枣庄、舒大刚编著：《苏轼文集》卷四四，北京：语文出版社，2002年，第 12 册第 372 页。

自宦海的种种风波。

2. 佛印：义法上的提点

苏轼写给佛印的书信中，时常出现"披奉""闻法音""诲示""不复上问"之类的字眼，明显区别于苏轼在信中对道潜的定位"我辈""相知"等，即此可知苏轼虽与佛印是性情之交，但苏轼待佛印多了一份师长的尊重。

苏轼与佛印的相与往来集中于苏轼谪居黄州的时段里，而黄州时期正是苏轼思想发生转变的重要契机，形成于这一时期的思想，在苏轼日后的生涯中发挥了"心灵避难所"的作用。佛印，作为苏轼在黄州期间密切交往的佛门朋友，对苏轼的思想转向起到了相当重要的作用。通过富有趣味的往来方式，佛印让苏轼进一步意识到"五蕴非有""四大本无"的人生本质，帮助苏轼在苦难的现实中树立起一种人生如梦的虚无感，以此来超越人世间的升沉荣辱。

而当苏轼远贬惠州之际，佛印特意修书一封托卓契顺带给苏轼，信中以一种极为超越的姿态，劝勉苏轼要将富贵功名"一笔勾断"进而"寻得自家本来面目"。这封书信无异于当头棒喝，打散了苏轼暂时的执迷与迟滞，促使苏轼寻得真正的安身立命之法，从而进入一种随缘自适、圆融无碍的境地中。自此之后，苏轼无论是遭遇爱妾离世，还是被远贬孤岛，都能够以一种"春睡美"的安适且自然的姿态从容应对人生风雨，并保持着其"天容海色本澄清"（《六月二十日夜渡海》）的旷达本色。

结语

苏轼一生宦海浮沉，却始终保持旷达本色，这与他的广泛交游尤其是与以道潜、佛印为代表的释老诸公的交往有着很大关系。道潜、佛印作为苏轼生命中最为重要的两个朋友，从不同侧面上映照出了苏轼的本来面目，并且促进了苏轼人生境界的提升。

道潜与佛印同是佛门中人，都具有佛门中人的共性，然而两人在性情气质上又有所不同，苏轼在与他们往来时，既有相同的地方又有所区别。区别既是苏轼的敏感天性、深广包容度及不同层面的需求造成的，也与道潜、佛印各自的性情气质有关。道潜给予苏轼的是情感上的慰藉，是诗人之间的相知相得；佛印给予苏轼的更多的则是佛法义理上的提点。苏轼与二人深化友谊的关键期，都是苏轼幽处黄州之时，彼时的道潜于苏轼而言，是经受住考验的旧好，佛印则是不顾流俗去点亮苏轼生命的新知。自此而后，二人都与苏轼紧紧相随，陪伴着苏轼走过生命中的程程风雨，从情感和理智两个方面温暖与点醒苏轼，促使苏轼实现了从"把盏凄然"的飘渺孤鸿，到"不辞长作岭南人"与"海南万里真吾乡"的"此中人"的转变，自如从容地逍遥无碍于山巅水涯的流放生活中。

参考文献

一、参考书目：

《百衲本二十五史·宋史》，浙江古籍出版社 1998 年版。

北京大学、北京师范大学中文系教师同学编：《古典文学研究资料汇编·陶渊明卷》，中华书局 1962 年版。

曾枣庄、舒大刚主编：《三苏全书》，语文出版社 2001 年版。

曾枣庄等著：《苏轼研究史》，江苏教育出版社 2001 年版。

曾枣庄选释：《三苏文艺思想》，四川文艺出版社 1985 年版。

曾枣庄：《苏轼评传》，四川人民出版社 1981 年版。

〔战国〕孟子著，方勇译注：《孟子》，中华书局 2010 年版。

〔战国〕庄子著，方勇译注：《庄子》，中华书局 2010 年版。

〔清〕何文焕辑：《历代诗话》，中华书局 1981 年版。

孔凡礼撰:《苏轼年谱》,中华书局 1998 年版。

李剑锋著:《元前陶渊明接受史》,齐鲁书社 2002 年版。

李泽厚著:《美的历程》,生活·读书·新知三联书店 2009 年版。

林语堂著,张振玉译:《苏东坡传》,长江文艺出版社 2009 年版。

〔南朝梁〕刘勰撰,赵仲邑译注:《文心雕龙译注》,漓江出版社 1983 年版。

钱锺书著:《谈艺录》,生活·读书·新知三联书店 2007 年版。

四川大学唐宋文学研究室编:《苏轼资料汇编》,中华书局 1998 年版。

〔宋〕苏轼著,〔清〕冯应榴辑注,黄仁轲、朱怀春校点:《苏轼诗集合注》,上海古籍出版社 2001 年版。

〔宋〕苏轼著,孔凡礼点校:《苏轼文集》,中华书局 1986 年版。

〔宋〕苏轼著,刘石导读:《苏轼词集》,上海古籍出版社 2009 年版。

〔宋〕苏轼著,〔清〕王文诰辑注,孔凡礼点校:《苏轼诗集》,中华书局 1982 年版。

陈庆元、邵长满编选:《陶渊明集》,凤凰出版社 2010 年版。

田晓菲著:《尘几录:陶渊明与手抄本文化研究》,中华书局 2007 年版。

王水照、朱刚著:《苏轼评传》,南京大学出版社 2011 年版。

王水照著:《苏轼研究》,河北教育出版社 1999 年版。

谢桃坊著:《苏轼诗研究》,巴蜀书社 1987 年版。

徐中玉著:《论苏轼的创作经验》,华东师范大学出版社 1981 年版。

杨松冀著:《精神家园的诗学探寻——苏轼"和陶诗"与陶渊明诗歌之比较研究》,人民出版社 2012 年版。

杨治宜著:《"自然"之辩:苏轼的有限与不朽》,生活·读书·新知三联书店 2018 年版。

余英时著:《士与中国文化》,上海人民出版社 2013 年版。

张兆勇著:《苏轼和陶诗与北宋文人词》,安徽大学出版社 2010 年版。

朱刚著:《苏轼十讲》,上海三联书店 2019 年版。

朱光潜著:《诗论》,岳麓书社 2010 年版。

朱靖华著:《苏轼新评》,中国文学出版社 1993 年版。

朱立元、李钧主编:《二十世纪西方文论选》,高等教育出版社 2002 年版。

〔宋〕朱熹撰:《四书章句集注》,中华书局 2011 年版。

〔韩〕金甫暻著:《苏轼"和陶诗"考论——兼及韩国"和陶诗"》,复旦大学出版社 2013 年版。

〔日〕吉川幸次郎著,李庆等译:《宋元明诗概说》,中州古籍出版社 1987 年版。

〔日〕吉川幸次郎著,章培恒等译:《中国诗史》,安徽文艺出版社 1986 年版。

二、期刊、论文:

安熙珍:《苏轼"和陶诗"二题》,《学术研究》2004 年第 7 期。

卞东波:《尚友古人:陶渊明致敬的隐士们》,《古典文学知识》2014 年第 6 期。

曾安源:《苏轼的〈和陶诗〉与陶渊明之间的师承关系初探》,《南华大学学报》(社会科学版)2009 年第 2 期。

陈楚歌:《诗体与诗情的互动——论苏轼"和陶诗"在文体史上的意义》,《烟台大学学报》(哲学社会科学版)2019 年第 3 期。

程磊:《论苏轼"以禅解陶"》,《乐山师范学院学报》2010 年第 6 期。

丁睿:《略论苏轼的和陶诗》,《贵州社会科学》1996 年第 3 期。

伏蒙蒙:《苏轼"和陶诗"对陶诗接受的开创性贡献》,

《乐山师范学院学报》2015年第10期。

巩本栋:《"借君无弦琴,寓我非指弹"——苏轼〈和陶诗〉新论》,《文艺研究》2011年第4期。

韩国强:《从〈和陶诗〉看苏轼晚年心态》,《琼州大学学报》2000年第4期。

柯镇昌:《论苏轼〈和陶诗〉的创作缘由》,《临沂大学学报》2011年第1期。

李华:《苏轼的〈和陶诗〉研究》,《广东社会科学》1987年第4期。

李华:《陶诗与苏轼〈和陶诗〉思想倾向比较》,《江西社会科学》1986年第4期。

李显根:《试论苏轼的"师陶情怀"与精神创新》,《江汉论坛》2003年第8期。

刘秀娟:《论苏轼〈和陶诗〉仕与隐的思想》,《太原师范学院学报》2012年第2期。

马金水:《试析苏轼"崇陶"思想的诗学内蕴》,《西南科技大学学报》(哲学社会科学版)2019年第6期。

秦蓁:《"苏化的面目":苏轼以佛禅和陶》,《乐山师范学院学报》2017年第1期。

王博施:《论苏轼和陶诗中的双重时空关系》,《中国苏轼研究》2018年第2期。

王红丽:《试论东坡"和陶诗"的生命意识》,《广西民族学院学报》(哲学社会科学版)2003 年第 S1 期。

王水照:《论苏轼创作的发展阶段》,《社会科学战线》1984 年第 1 期。

王水照:《苏轼的人生思考和文化性格》,《文学遗产》1989 年第 5 期。

吴怀东:《苏轼论陶诗"质而实绮,癯而实腴"思想发微》,《人文杂志》2020 年第 6 期。

吴增辉:《苏轼和陶而不和柳的佛教原因探析》,《浙江学刊》2010 年第 1 期。

吴增辉:《文化视野下的苏轼和陶诗平议》,《中国苏轼研究》2017 年第 2 期。

徐宇春:《苏轼唱和诗初探》,《青海社会科学》2006 年第 2 期。

杨玲:《苏轼〈和陶诗〉与陶渊明的诗性对话》,《福州大学学报》2009 年第 3 期。

杨松冀:《苏轼"和陶诗"系年考辨》,《中国苏轼研究》2017 年第 2 期。

袁行霈:《论和陶诗及其文化意蕴》,《中国社会科学》2003 年第 6 期。

张建伟:《近三十年苏轼和陶诗研究综述》,《乐山师范学院学报》2008 年第 7 期。

张强:《从"和陶诗"看苏轼的心态变化与审美追求》,

《社会科学战线》2012 年第 10 期。

张强:《从"和陶诗"看苏轼的心态变化与审美追求》,《社会科学战线》2012 年第 10 期。

陈可人:《宋代"和陶诗"研究》,南京师范大学 2013 年硕士论文。

刘畅:《苏轼诗歌创作中的陶渊明因素》,辽宁大学 2014 年硕士学位论文。

潘洁清:《宋代和陶现象研究》,浙江大学 2010 年硕士论文。

徐宇春:《苏轼唱和诗研究》,陕西师范大学 2006 年博士论文。

杨玲:《苏轼"和陶诗"研究》,福建师范大学 2006 年硕士学位论文。

杨元元:《苏轼"和陶诗"之道与隐》,重庆师范大学 2009 年硕士学位论文。

赵戎:《试论苏轼诗中的"陶渊明"情结》,陕西师范大学 2007 年硕士论文。

赵戎:《试论苏轼诗中的"陶渊明"情结》,陕西师范大学 2007 年硕士学位论文。

〔韩〕金甫暻:《苏轼"和陶诗"研究》,复旦大学 2008 年博士论文。